阳光知识漫
SUNSHINE KNOWLEDGE COMICS
小学生兴趣入门
拼搏吧，
乒乓少年！
TABLE TENNIS C
HIROSE
[日]山口隆一 著
[日]大富寺航 绘
蒋奇武 译
APGTIME
时代出版
时代出版传媒股份有限公司
安徽科学技术出版社

［皖］版贸登记号:12242184

图书在版编目(CIP)数据

拼搏吧,乒乓少年! /(日)山口隆一著;蒋奇武译;(日)大富寺航绘. --合肥:安徽科学技术出版社,2025. 5. --(小学生兴趣入门漫画). --ISBN 978-7-5337-9210-7

Ⅰ. G846-49

中国国家版本馆 CIP 数据核字第 20241MK192 号

拼搏吧,乒乓少年!

PINBO BA PINGPANG SHAONIAN

［日］山口隆一 著
［日］大富寺航 绘
蒋奇武 译

出 版 人:王筱文 选题策划:高清艳 周璟瑜 责任编辑:李梦婷 周璟瑜
责任校对:沙 莹 责任印制:廖小青 封面设计:悠 婧
出版发行:安徽科学技术出版社 http://www.ahstp.net
(合肥市政务文化新区翡翠路 1118 号出版传媒广场,邮编:230071)
电话:(0551)63533330
印 制:安徽新华印刷股份有限公司 电话:(0551)65859525
(如发现印装质量问题,影响阅读,请与印刷厂商联系调换)

开本:710×1010 1/16 印张:11 字数:150 千
版次:2025 年 5 月第 1 版 2025 年 5 月第 1 次印刷

ISBN 978-7-5337-9210-7 定价:42.00 元

前言

我曾经指导过许多乒乓球学员，发现乒乓球是一项即使起步晚，也有机会精通的运动。我在中学的社团活动中选择了乒乓球，并从那时起不断练习，最终成为一名职业选手。

从小学生到老年人，无论哪个年龄层的人都可以轻松地学习乒乓球，它是一项可以持续五六十年的终身运动。最重要的是，通过乒乓球的练习和比赛，人们可以与各个年龄层的人交流，结交很多朋友。当然，它还有益于健康，总之是一项好处多多的运动。

这本书介绍了乒乓球的基本技术，如发球和接球等。希望小读者可以通过这本书不断提高球技，同时感受到乒乓球运动的魅力。

乒乓球还是一项能够体现个人风格的运动，100 个人就有 100 种不同风格的打球方式。一定要找到自己的球风哦！

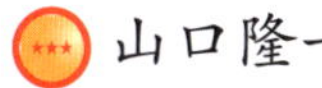

本书特点和使用说明

①生动的漫画情节：天才乒乓球少女一步步地指导菜鸟，也在为内心的疑惑寻找答案。一波三折，短期集训队能打败强劲的对手吗？

②阅读顺序：分镜框与对话框都是从上到下、从右往左进行阅读的，请特别注意。

底板和胶皮1

横 拍

这是现在的主流底板。可以在拍子的正面和反面贴上胶皮。一般有红色和黑色两种胶皮。

乒乓球主要有两种类型的底板，粘上被称为胶皮的橡胶一起使用。底板和胶皮的组合多种多样，各有特点。

※本书主要介绍横拍的相关使用技术。正手使用红色胶皮，反手使用黑色胶皮。

③丰富的乒乓球技巧：手把手教你从零基础开始，学习乒乓球的各种动作和知识，揭秘练习的要点和技巧，分步骤解读。

比赛区域

根据打法不同，选手的离台站位也会有所不同。最近，顶级高手大都使用快攻打法，站位偏近台。

以削球为主的选手站位大都偏远台，在看准进攻性的来球后将球削回去。

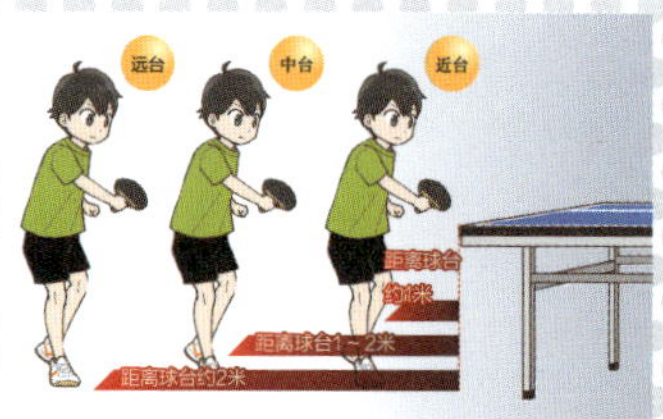

④重难点：每个动作都有关键要领介绍，避免走弯路。

⑤详细图解：每个步骤都有详细动作图解，边看边练，事半功倍。

在身体前面用手臂围成一个漂亮的圆圈。圆圈内就是合理的击球点的范围，因为在这里面，击球力量更容易从球拍传递到球上！

目录

登场人物……001

第1章 开始打乒乓球吧！

漫　画……002

底板和胶皮

- 横拍
- 横拍的拍柄类型
- 直拍
- 直拍的类型
- 底板的材料
- 胶皮的种类
- 如何选择适合自己的胶皮？
- 胶皮和底板的优化组合
- 握拍姿势的种类

解　说……020

"撞击"与"摩擦"的感觉

- "撞击"？"摩擦"？
- 找到"撞击"感觉的颠球
- 找到"摩擦"感觉的颠球
- 掌握旋转的颠球

打法类型

- 4种主流打法
- 与技术水平相对应的打法

乒乓球笔记

第2章 了解基本的打法！

漫　画……036

正手击球

- 练习正手动作的8个步骤
- 用手打球

反手击球

- 练习反手动作的8个步骤

扣球

- 扣球的3个步骤

解　说……048

- 打高球的要领
- 提高命中率的练习

反手扣球

- 4个要领

和朋友们一起中场休息(专栏)

- 乒乓球台的相关术语

第3章 让旋转得心应手！

漫　画……058

旋转

- 旋转的种类

正手拉球

- 拉球要领
- 一个人能做的练习

解　说……068

反手拉球

- 中台反手拉球的3个要领
- 近台反手拉球的3个要领

搓球

- 搓球的要领

- 加转搓球的4个要领
- 不失误的3个要领

拉球(拉下旋球)
- 3个要领
- 反手拉球的3个要领

台内拧拉
- 4个要领

和朋友们一起中场休息(专栏)
- 颗粒胶皮的特性

第4章 多板回合!

漫　画……………………086

多拍相持
- 合理的击球点
- 控球
- 如何掌握正手控球?

步法
- 3个要领以及练习方法

解　说……………………096

正反手转换
- 转换的2个要领
- 转换的练习方法

多板对拉
- 4个要领

第5章 发球和接发球!

漫　画……………………104

发球
- 4种基本发球
- 模拟实战的发球练习
- 发出快速球的3个要领
- 发下旋球的基本步骤
- 能发出基本的下旋球之后……
- 发侧旋球的基本步骤

解　说……………………114
- 能发出基本的侧旋球之后……

接发球
- 调整接发球角度的要领
- 判断对手发球的3个要点
- 拉接练习

和朋友们一起中场休息(专栏)
- 比赛中的发球顺序和要领

第6章 来比试一下!

漫　画……………………128

比赛中重要的事情
- 放松的方法以及取胜的优先顺序
- 挡球的要领
- 防止比赛中出现失误的思路

解　说……………………140

随机练习，以赛代练
- 让你涨球的随机练习

和朋友们一起中场休息(专栏)
- 要洞悉对手的弱点

第7章 取胜的策略

漫　画……………………146

战术
- 以胜利为目标进行练习时的心得和取胜秘诀
- 发球抢攻的6种模式

解　说……………………162
- 攻击性接发球
- 挑打的要领
- 摆短的要领

乒乓球规则

必须知道的乒乓球术语解释

登场人物

MANGA TABLE TENNIS PRIMER

慎吾

乒乓球初学者，擅长表演魔术。在启太的鼓励下去了阳光乒乓球俱乐部，开始学乒乓球。

丽佳

从3岁开始学习乒乓球，并且获得过全国大赛冠军的天才乒乓球少女。目前正在寻找乒乓球以外的爱好。

圣治

阳光乒乓球俱乐部的一员，和丽佳是青梅竹马。最近遇到了涨球*的瓶颈。

启太

阳光乒乓球俱乐部的一员，邀请慎吾学乒乓球。胆子很小，在比赛中从来没有赢过。

羽奈

阳光乒乓球俱乐部的店长。因为女儿丽佳最近疏远了乒乓球，所以她想做点什么以挽回女儿对乒乓球的热爱。

咕奇

在WRM(World Rubber Market)上传乒乓球的教学视频，举办特训班。

旋风三兄弟

阳光乒乓球俱乐部的竞争对手，旋风乒乓球俱乐部的三兄弟。他们总爱多管闲事。

* 涨球，指球技提高。

漫画
第1章 开始打乒乓球吧！
MANGA TABLE TENNIS PRIMER Chapter 01
慎吾。
慎吾
那个……能帮我个忙吗？
启太
搞什么呀，启太，我可不会告诉你这个魔术的秘密。
啪！
不……不是，我想让你陪我一起去一个地方。
我只是想问……
是好玩的地方吗？
嗯！必须的！
阳光乒乓球俱乐部是这里吗？
嗯！
这地方看起来并不是很好玩啊……
乒乓球
你们好！
乒乓
砰
乒乓

嗖
唰

唉……

我赢啦！所以，就不参加比赛陪你们玩啦！
圣治，是你太弱啦！
丽佳

呼
呼
怎么回事？你的手感毫不生疏啊。
圣治

咦，怎么回事？
好帅啊！

还有……

你好！
等等，启太，那人是谁？
他是我的同班同学兼朋友——慎吾。你就当他是这次比赛的助手吧。
助手？
妈妈！
呵呵呵，因为启太说他有个很机灵的朋友。

欢迎，欢迎。
我……我是慎吾。
TABLE TENNIS

慎吾啊，打球的事……
哈——哈哈哈哈哈哈！

唰
大家好！阳光“菜鸟”俱乐部的各位。
小楷
小悠
小杰

呜！
这次又是三对三的对抗赛吧？少了一个人，等于我们已经赢了一场。
还有，那边的那两个人从来就没赢过我们。

啊哈哈哈哈！
真是个有意思的玩笑！

喂，你说得太过分了。
哦，我想到了一个好主意。

这是一场持续多年的对抗赛，干脆这次你们弃权吧，让我们不战而胜，怎么样？
这主意不错吧？

怒
喂！你们这些家伙！
别胡扯了，既然我们是运动员，那就运动场上见！

我绝对不会输给满嘴跑火车的家伙！
握拳
是骡子是马，拉出来遛遛就知道了。

哎？
最终胜利会属于我们的。
哈哈哈哈

得了得了，既然你们三个一起组队，那就太好玩了。
哎呀呀，这家伙就是助理呀？

代我向你父亲问好。
谢谢咯。
不停逼近

这是家父让我带来的新款胶皮！
你们三个就到此为止吧？
那么大老远地跑来，就是为了虚张声势啊？
嗖
啊……不是……

先告辞了！
哒哒
欢迎下次光临！
慎吾，接受他们的挑战，真的没事吗……
咕噜
有动确实冲点怎么了，怎么办呢？
怎么办？
为慎重起见，我要先问你一个问题。
你以前打过乒乓球吧？
没打过！
哎呀！
不出所料
啊——？
那就教教我吧！
嘭
ばっ
请教我能赢他们的乒乓球技术吧！

慎吾要是赢了，我以后就不会再强迫你打乒乓球了。
悄悄地

为什么是我呀？妈妈你来教他不就行了！
可以的吧，丽佳？你就教教他吧。
ポン
嘭

我一定要让这家伙赢，这样妈妈就不会再跟我提练球的事了。

真的假的？你保证啊！一定哦！
嗯！

准备好了吗？我要从头开始教你打乒乓球啦！拿出决心来！
好的。我一定要让他们知道我的厉害！

在这里开一局?
真有些忐忑不安啊!
那个……我的球拍在哪里?
在这里。
多谢!
哎呀,那明明是椅子啊!
球拍呢?
ラケットはーっ?
坐下来。

* 上台，指将球回击到对手所在的那半边球台。

通过摩擦球，使球向不同方向旋转……
这就是“摩擦”。

制造旋转！
嗖
好强烈的旋转啊！

圣治，拜托！
啪

第二个感觉是“撞击”。

这就是“撞击”！是用球拍的最佳位置击打球的技巧。
啪
好厉害！

唰

不对啦！
好恐怖！

让我们从记住这两种感觉开始吧。
我可以开始打球了吗？

我不是说过要从记住感觉开始吗？
如果无视基本功，一味地模仿动作，会养成坏习惯的！

那我该怎么办啊？
首先要做的是基本的颠球。

用横拍握拍吧。
初学者也能很容易上手。

好吧，这拍子，借给你。
哇——球拍啊！

嗯！
那我先来示范颠球，你好好看着哦。

握拍姿势就像这样……
是这样吧？
就像在和球拍握手一样，握住即可。

首先在这个红色拍面上颠球50次。
当
当
当
50次？！

比这个矮点也可以。就像这样……
当
乒乓！
当
哇！

要连续颠球哦。
连续？

确保上台
打球的感觉
再把球颠高点，做20次。之后反面再颠20次。
比这个低一点也行。
顺便说一下，红色的是正手面，黑色的是反手面。
当
当
真高！

到目前为止，我们一直在做找“撞击”感觉的练习。
ぱしっ
啪

哇！
随心所欲地控球
确保上台
打球的感觉
啪
顺便再来个拍球运球吧。
啪
啪
啪

如果能颠好这种球的话……
嗖
啪

接下来是做找“摩擦”感觉的练习。
保持球拍水平，连续向同一方向移动，也是正反手各20次。
哎？
呲
呲
呲

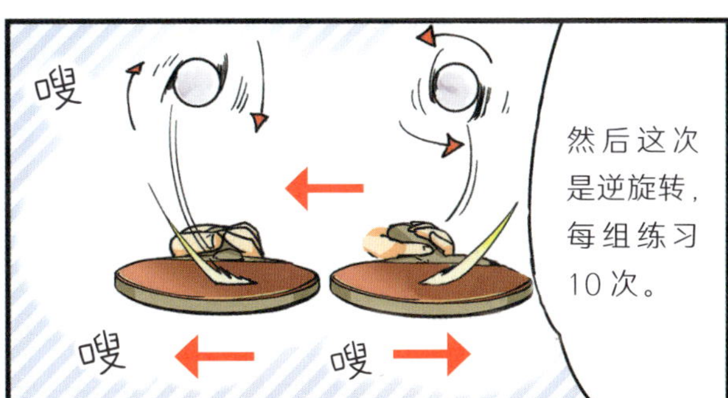
嗖
然后这次是逆旋转，每组练习10次。
嗖
嗖

好！我也要试试！
呜——哇！
呲呲
瞧……
就能制造出类似这样的旋转！
天哪！
啊……
嗯。
丽佳对慎吾是不是有点太苛刻了？
咿呀！
哇！
咦？
好疼
再来一次！
哇！
也是啊，以上练习都是。
但这确实是一条速成的捷径啊。

真是练得
让人提心
吊胆啊。
当
咦
啊
啊——
对了！

如果没有球
拍，你就没
法练球了
吧。反正你
也没有。
然后就
是这个。
呼
呼
这是什
么？

我妈说如
果你做到
了，就可
以把球拍
送给你。
真的？！

乒乓球
笔记。
写下每天
练习的内
容和感想。
乒乓球笔记
好的。

然后再看
看这个视
频。
WRM？
乒乓球教学视
频，对你很有
帮助，内容也
很有趣。一定
要看哦。
好的！
所
以
……
好好练吧！

她最近总是这样。
呵呵。
真的假的？
说走就走了啊？

我是圣治，请多多关照！
呃……
多多关照！
不过，你说她总是这样，到底是哪样啊？

哎？！
我去糕点教室了啊。

真的假的？
当然。她本人是全国大赛三连冠，另外她的妈妈羽奈也是前国手。

高手？她有那么厉害吗？
真搞不懂高手心里在想什么。

きらーん
活力四射
虽然丽佳看起来大大咧咧的，但她对乒乓球很认真。
真是个了不起的家伙！
是啊！传说中的天才乒乓球少女就是她本人！
难道……
哇！乒乓球……冠军？

不过目前她暂时不打乒乓球了。
好像在寻找乒乓球以外的兴趣……

你也看到刚才的比赛了吧？即便她平时不练球，和她比我也输得一塌糊涂。
果然还是很强啊。

原来如此。真可惜。
不过我反倒干劲十足了！
嗯！

毕竟这么厉害的高手亲自教我哦。

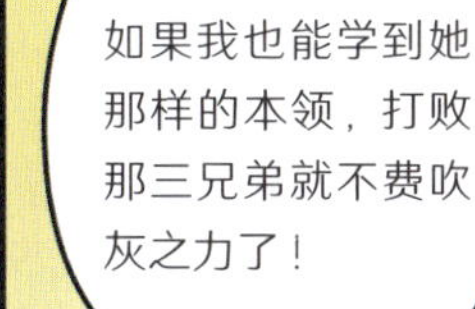
如果我也能学到她那样的本领，打败那三兄弟就不费吹灰之力了！

你小子还真有意思。
啊？

我们三个人一起努力，一定要打败旋风三兄弟！
好！

解说

底板和胶皮

与其他运动相比，乒乓球中所使用的球拍有点独特。
掌握底板和胶皮的基本知识，选择适合自己的“武器”!

应该选择
什么样的底板呢?

Answer A

有横拍和直拍
这两种类型的
球拍可供选择!

乒乓球主要有两种类型的底板，
粘上被称为胶皮的橡胶一起使用。
底板和胶皮的组合多种多样，各有特点。

这是现在的主流底板。可以在拍子的正面和反面贴上胶皮。一般有红色和黑色两种胶皮。

※本书主要介绍横拍的相关使用技术。
正手使用红色胶皮，反手使用黑色胶皮。

横拍的拍柄类型

拍柄就是手握球拍的部分。一般来说，细柄拍出的球更细腻，粗柄拍出的球更有力。细柄拍更适合初学者。

ST 柄（横拍的长直柄）

粗细均匀，握感饱满。

FL 柄（横拍收腰柄）

手柄中上部最细，逐渐向尾端呈微微增厚之势。

这里是重点！

这是最常见的横拍柄形。持握的灵活性高，便于调整手型。适合技术型打法。但是，由于不能牢固地握拍，所以持握这种拍柄的稳定性不高。

因为能牢固地握拍，所以持握这种拍柄的稳定性高。适合近台攻守型打法（第33页）。

AN 柄（横拍葫芦柄）

类似葫芦形状的S形曲面设计的拍柄，但是现在已经基本退出了赛场。

握拍时手掌和拍柄贴合度最高，适合各种打法。

直拍

握拍方法和握笔一样。基本上是单面贴胶皮使用。

正手(第48页)进攻十分有力!
出球细腻!
反手(第51页)相对是短板。

直拍的类型

除横板之外,还可以根据自己的球风来选择适合的底板。

日式直板

适合突出正手进攻的打法。

中式直板

可以在两面贴上胶皮。反手较为稳定。

反转式

虽然是日式直板的形状,但两面都可以贴胶皮(主要用于倒板)。

底板的材料有区别吗?

底板和胶皮5 底板的材料

这里介绍一下制作底板的3种板材。

Answer A

初学者可以先试着用5层胶合板!

虽然较轻的底板比较容易控制,但重一些的底板能打出威力更大的球。还有使用特殊材料制成的底板,重量轻却能打出威力巨大的球。重量为175~185克的横拍和单面贴了胶皮后重量130~140克的直板,都适合初学者使用。

5层胶合板

由5块木板黏合而成的较轻的底板。

7层胶合板

由7块木板黏合而成的底板,很有分量。

特殊材料

用碳纤维等特殊材料制成的底板。

这是3种材料中最轻、最软、最稳定的一款。
适合初、中级球员。它容易制造旋转。

它是3种材料中最重的一款,需要较大的臂力才可驾驭。板面比5层胶合板硬。
适合中、高级球员。它能打出威力巨大的球。

这种底板重量轻,却能打出威力巨大的球。但是,这些材料大多较硬,比较难控制。
适合中、高级球员。它非常适合快攻打法!

应该如何
选择胶皮?

Answer

现在的主流
是反胶!

胶皮有很多种，每种都有自己的特点。
选择适合自己打法的胶皮吧!

胶皮的种类

胶皮主要分为反胶、正胶和长胶3种。

反胶

表面光滑的胶皮。容易制造旋转。

正胶

一种类似于反胶倒贴的胶皮。颗粒朝外。

长胶

长胶的颗粒比正胶颗粒小且更长。

反胶出球速度快，且容易制造旋转。但是，这样更容易受到对手来球旋转的影响。它是目前最主流的胶皮。

与反胶相比，正胶出球速度快，但是难以制造旋转，所以适合快攻打法。它不容易受到对手来球旋转的影响。

长胶难以制造速度和旋转。但是因为不受对手来球旋转的影响，所以很适合防守。

如何选择适合自己的胶皮？

市面上的胶皮种类繁多，难以选择。
请按以下 3 个基准进行筛选，
找到适合自己的胶皮吧！

选择能弥补自己缺点的胶皮

如果旋转技术不佳，就选择容易制造旋转的胶皮；如果出球速度不够快，就选择出球速度比较快的胶皮。

选择能发挥自身优势的胶皮

如果你擅长拉球（上旋转，第 68 页），就选一款容易拉球、易于制造旋转的胶皮。如果能打出快速球，就可以选择出球速度快的胶皮。

选择综合性能好的胶皮（适合高级球员）

出球速度、旋转等技术整体稳定的高级球员，请选择平衡性好、稳定性高的胶皮。

底板和胶皮 8

胶皮和底板的优化组合

胶皮也和底板一样有硬度。
一般来说，柔软的胶皮更适合初学者。
在此介绍 3 种底板和胶皮的优化组合！
请参考底板和胶皮来选择！

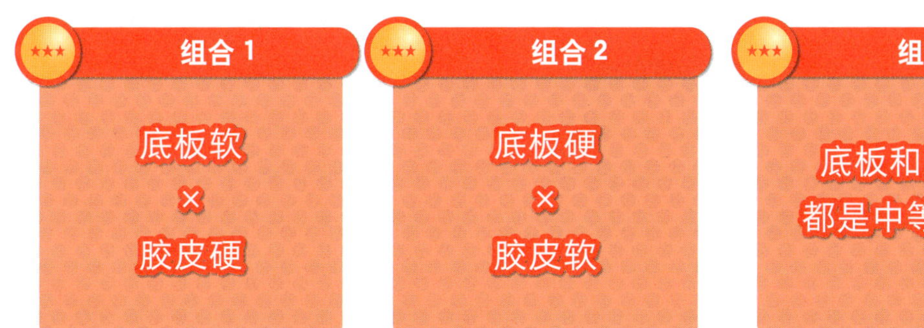

正确的握拍姿势
是怎样的?

Answer

有3种
基本方法!

球拍的握法也叫握姿。
有平衡握法、
正手利握法、
反手利握法哦!

底板和胶皮9

握拍姿势的种类

首先,让我们学会如何正确地握住球拍!

平衡握法(中性握姿)

球拍与虎口沟平行。

正面

像握手一样轻柔地握住它。

反面

伸出食指贴着板面。

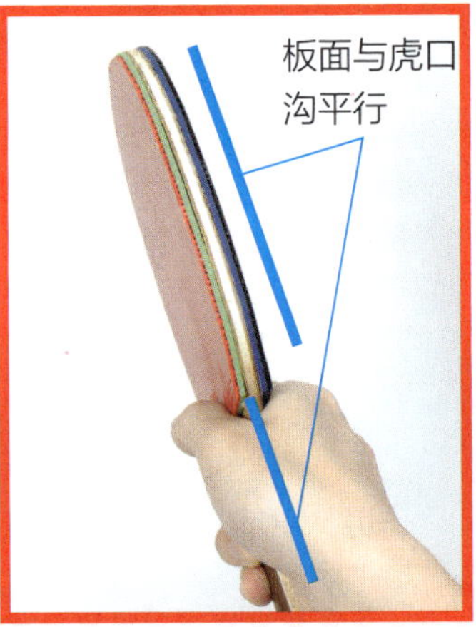

这里是重点!

可以实现正反手均衡击球的握法。
如果做不到这一点,掌握基本技能就会花费较多时间,所以一定要先养成一个正确的握姿!

正手利握法

拍柄往正手方向转动一定角度，拍肩贴近拇指关节处。

正手动作更流畅顺手，能增强对对手反手位的进攻，但反手会比较难发力。

反手利握法

拍柄往反手方向转动一定角度，拍肩贴近食指关节处。

反手很容易发力，动作更加流畅，但正手发力受影响。

提示！

不要将食指与拍柄垂直，否则会练不好基本功。

深握

握拍更靠近拍柄上端，虎口接触拍肩*。

有助于提高出球速度，但是球拍的灵活性低。虽然容易控制球速，但是旋转力度也会下降。

浅握

握拍更靠近拍柄尾部，虎口离拍肩有1厘米左右的距离。

更利于制造旋转，球拍的灵活性高。有助于旋转拉球，但容易被对手的高质量的击球所压制。

* 拍肩是在拍柄与拍面的连接处。

"撞击"与"摩擦"的感觉

击球时的"撞击"感和制造旋转的"摩擦"感是打好乒乓球的两个非常重要的感觉。

Question

怎样才能熟悉球呢？

Answer

通过练习各式各样的颠球来寻找"撞击"和"摩擦"的感觉吧！

"撞击"和"摩擦"这两种球感是乒乓球技术的基础。掌握了这两种感觉再练习的话，会快速涨球哦！

"撞击"与"摩擦"的感觉 1

"撞击"？"摩擦"？

首先说明一下乒乓球中重要的感觉——"撞击"和"摩擦"吧！

什么是"撞击"？

这种感觉不是简单地让球拍碰到球，而是用球拍面的最佳击球区击球，打出高质量的快球。

什么是"摩擦"？

用球拍摩擦球，制造旋转的感觉。

“撞击”与“摩擦”的感觉2

找到“撞击”感觉的颠球

为了找到“撞击”的感觉，练习颠球是很有效的！这里介绍3种颠球的方法！

基础颠球

最基本的颠球方法。能够连续上下颠球50次，确保不让球从球拍上掉落！

熟悉球性，培养手感，让球连续在球拍上垂直弹起和落下吧。

如果您已经习惯了正手拍面颠球，可以尝试下用反手拍面颠球，或者挑战颠高球！

拍边颠球

不用正反手的胶皮颠球，而是用球拍侧边来磕球。

球拍的侧边很窄，所以磕出来的球稳定性不大，这种颠球练习对于提升球感、反应力和控制力都很有帮助！

拍球

像打篮球一样，用球拍将球向下拍打。

如果不能保持垂直拍球，很快就会失败。要小心！

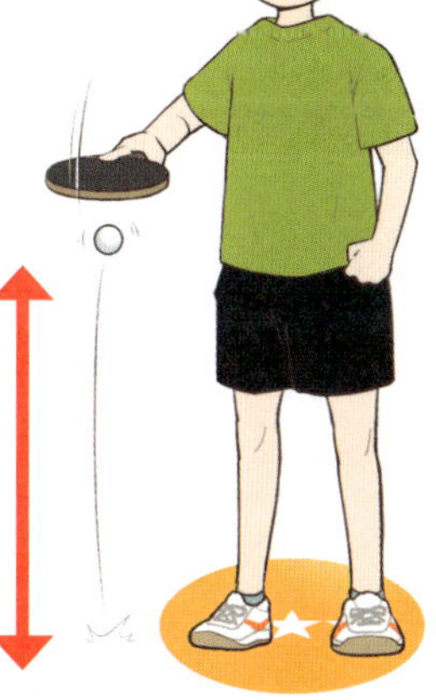

★★★ "撞击"与"摩擦"的感觉3

找到"摩擦"感觉的颠球

为了找到"摩擦"的感觉，
练习用球拍制造旋转的颠球是很有效果的！
这里介绍3种颠球的方法！

由下而上制造摩擦

让我们用球拍把球从下往上摩擦。请注意球与胶皮的摩擦感，试着练一练吧！

为了确认球是否有旋转，请试着让球落到地上。
如果球在旋转，它就会通过逆向旋转回到自己的身边！

水平移动制造摩擦

试着把球拍放平，然后摩擦球！

与由下往上制造摩擦的颠球相比，水平移动制造旋转更加困难哦！

球与拍面合力撞击制造摩擦

两只手同时向中间发动，形成合力，制造摩擦。

可以找到在快速移动的球上制造旋转的感觉！

Question

如何找到更多
“摩擦”的感觉？

Answer

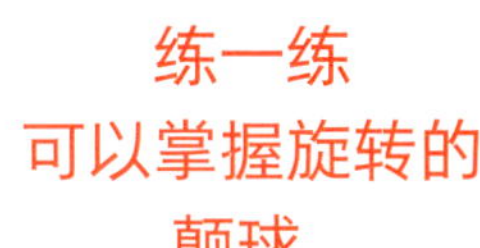

练一练
可以掌握旋转的
颠球。

试着挑战，练习乒乓球必备的 2 种颠球。
尝试制造“远台旋转”和“近台旋转”吧！

“撞击”与“摩擦”的感觉4
掌握旋转的颠球

建立距离意识，试着练一练由上而下制造摩擦的颠球吧！

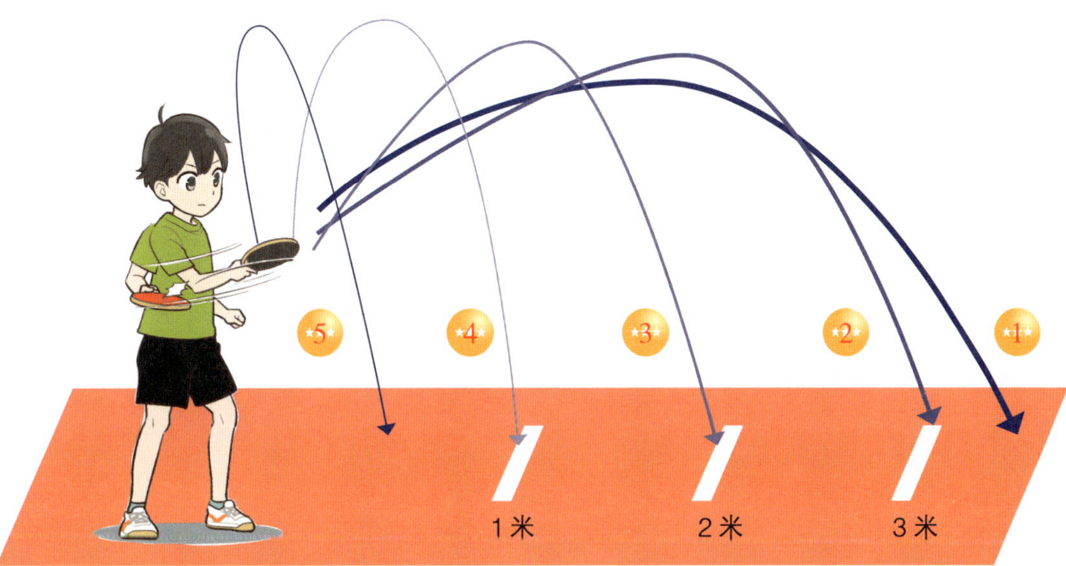

1 没有距离限制
不用担心球飞出的距离，落地后通过球自身的逆向旋转回到自己的身边。

2 到3米
把球打到离自己约 3 米远的地方，落地后通过球自身的逆向旋转回到自己的身边。

3 到2米
把球打到离自己约 2 米远的地方，落地后通过球自身的逆向旋转回到自己的身边。

4 到1米
把球打到离自己约 1 米远的地方，落地后通过球自身的逆向旋转回到自己的身边。

5 靠近自己的地方
把球打到自己身边，落地后通过球自身的逆向旋转回到自己的身边。

目标：达到七成的成功率！

打法类型

乒乓球大致有4种主流打法。
了解每种打法的特点，用适合自己的打法去比赛吧！

Question

乒乓球
有哪些战术？

Answer

有4种
主流战术。

乒乓球的战术有
重视旋转、重视速度、
攻守平衡、重视防守等。

打法类型 1

4种主流打法

在此介绍弧圈打法、近台快攻打法、近台攻守打法、削球打法4种基本打法！

弧圈打法

站位近、中台（第57页），以拉弧圈球为主的打法。

许多运动员都使用反胶胶皮。这是目前顶级球员们的主流打法。

近台快攻打法

站位近台，在球的上升期击球的打法。

主要在横拍反手和直拍时使用反胶胶皮，不依赖旋转，而是靠速度取胜。力量不大的选手经常使用这种战术。

近台攻守打法

站位近台，保持攻守平衡的打法。

胶皮使用颗粒胶皮和反胶胶皮，以快节奏和精准的路线取胜。

削球打法

站位中、远台（第 57 页）以削球*为主的打法。

基本上是重视防守的打法。最近变成了少数派。

打法类型 2

与技术水平相对应的打法

乒乓球的打法会随着技术水平的进步而改变。比如：单项技术过硬型打法、技术较为全面型打法、技术较为全面结合单项技术过硬型打法。先要了解不同打法的区别！

单项技术过硬型打法

有一项过硬的技术！

处于只擅长某一项技术的状态。此时还未掌握其他技术，不够稳定，失误较少。

→

技术较为全面型打法

失误较少！

此时已经掌握了一定的技术，失误也在不断变少。发球(第114页)和接球(第123页)都可以直接得分。

→

技术较为全面结合单项技术过硬型打法

失误少，有得分技术！

这是高水平球员的风格。他们的失误很少，还有得分的技术。

*削球，指在离球台较远的地方削球，制造下旋回球。

乒乓球笔记

记录练习内容和比赛结果的乒乓球笔记本。
了解需要记录的内容，把它用在平时的练习上吧！

如果记笔记的话……

①对寻找今后的课题有帮助！
②能了解自己的状态和成长！
③可以将自己的过去和现在进行比较！

日期　7 月 25 日（星期三）
练习时间　15:00—18:00

●今天练习的目的
可以发出下旋球！
学会正手搓球！

●练习的内容
下旋发球 ×20 次 ×2
正手搓球 ×30 次 ×2

●成功的次数
下旋发球 20 次，成功 12 次
正手搓球 20 次，成功 16 次

●比赛的结果
VS 启太　1-3 落败
VS 圣治　0-3 落败

●今后的课题
增加发球的种类！
观察对手的旋转！

●一句话感想
赢了启太一局！
但最后还是输了！！

●备忘
观看乒乓球视频！

一定要把练习内容写下来！
最好把练习次数也写下来！

记录你成功的次数，了解自己现在的实力！

从练习的成果来思考今后的课题！

把一些自己认为可能会忘的事情记录下来！

Question

有必要
记乒乓球笔记吗？

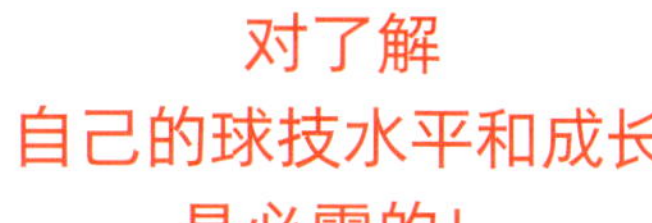

Answer

对了解
自己的球技水平和成长
是必需的！

有了个人的乒乓球笔记，
你就不用盲目地练习，而是可以
一边思考自己现在需要什么样的练习，
一边不断地成长！

这里是重点！

日期在回看的时候很重要，
所以一定要记着写上日期。

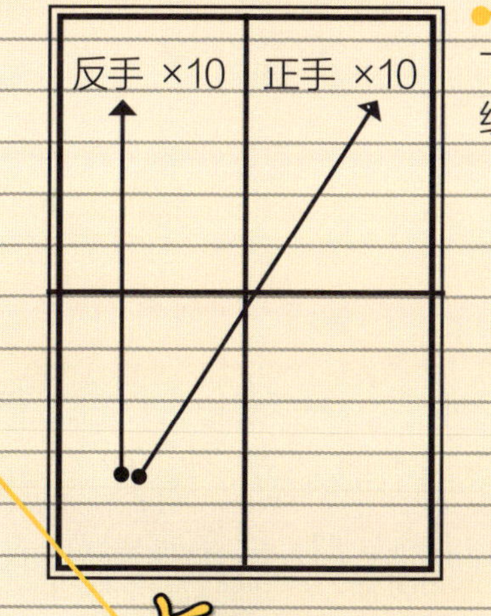

这里是重点！

在练习发球线路的时候，配合乒乓球台的图进行记录吧！

特别提示！

千万不要把一周的内容赶到一起写。哪怕是每天记录一句话也好，而且练习结束后要马上进行记录！

这里是重点！

可以在练习前先写下练习的目的！

这里是重点！

比赛结束后，记录下比赛的结果！

这里是重点！

记录下自己比赛时的心态！

坚持的诀窍

①自己主动想写！
②下功夫让记录更有趣！

书写工整，配上插图，拿给别人看，写完后再贴上些贴纸，盖上精美印章，等等。

漫画 第2章 了解基本的打法！

MANGA TABLE TENNIS PRIMER Chapter 02

50!

咕噜

49!

48!

47!

哦，辛苦啦！

干得漂亮！慎吾！

恭喜啊！在学校的时候也是每天都这么练的呀！

好耶！球拍到手了！

那么接下来……
等……等一下！
什么事？
就这些吗？
呼
呼
是不是还应该说“干得漂亮”或者“不愧是心灵手巧啊”之类的话吗？
接下来要讲解乒乓球的基本打法。
随心所欲地控球
确保上台
打球的感
喂！听我说！
真烦人！那我问你，你觉得乒乓球怎么打才能赢？
只要比对手得分多。
怎么样才能得分呢？
比如制造强烈的上旋、拉弧圈，或者是强有力的扣杀？
都不对！
正确答案是“将球击回到对手的台内”。也就是这座金字塔的第二层。
随心所欲地控球
确保上台
打球的感觉
那不是理所当然的嘛？
理所当然？

我一定把它打回去！
我会发一个简单的球。
如果你认为那是理所当然的事，那就把我发的球打回来！
哎呀！
啊！
咔
咔
当

怎么样？你现在知道"理所当然"其实是很难的吧？
乒乓球是球最小、球拍也最小的球类运动。
球台也很窄。
所以，你得思考对手的路线、旋转以及球速，只有这样才有可能赢啊！

懂了吗？
"将球击回到对手的台内"……懂了！
唔

懂了就好！那我现在教你基本打法。
好！

击球时，要注意找“撞击”的感觉。

球拍与台面垂直，在身体的斜前方击球。

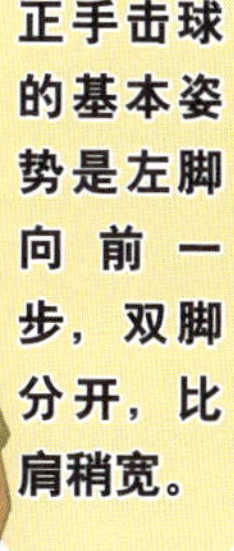
正手击球的基本姿势是左脚向前一步，双脚分开，比肩稍宽。

首先是姿势。

启太，你来试试吧。
这样吗？
嗷

好的。

发球啦，慎吾。
当

哦！

“撞击”的感觉！
当

天哪，没掉球哦！
当
当
当

真的嘛？启太，你太厉害了！
我擅长这个！

砰
咦？

砰
我居然是乒乓天才！
傻瓜，启太他为了让你接到球，一直在喂你球哦。

也就是因为这个毛病，他在比赛中会回一些让对手舒服的球。
所以，在正式比赛中，他从来没有赢过。

原来如此。乒乓球是算计对手想法的运动啊……

因为启太太温柔了。
没有，哈哈哈……

好吧，接下来是反手。

基本姿势是双脚平行站立，比肩稍宽。
球拍与台面垂直。

在腹部前方击球。
这样吗？

啊……
还要找"撞击"的感觉，对吧？
是啊！这不明白了嘛。

当

嗯，第一次练，已很不错了。
砰

接下来再说一下扣球。
哦，终于等到了，早就迫不及待了！

唰
然后用七成左右的力量进行扣球。

找到自己合适发力的击球点。
カコッ
当

基本上，正反手是一样的。

为什么是发七成力呢？

原来如此啊。
出台
如果用全力击打的话，很多时候会因手紧而打偏。另外，如果全力扣杀的球被对手击回来的话，就可能会出现空当，从而无法回球。
哦！

パシッ
啪
哇！
扣杀！

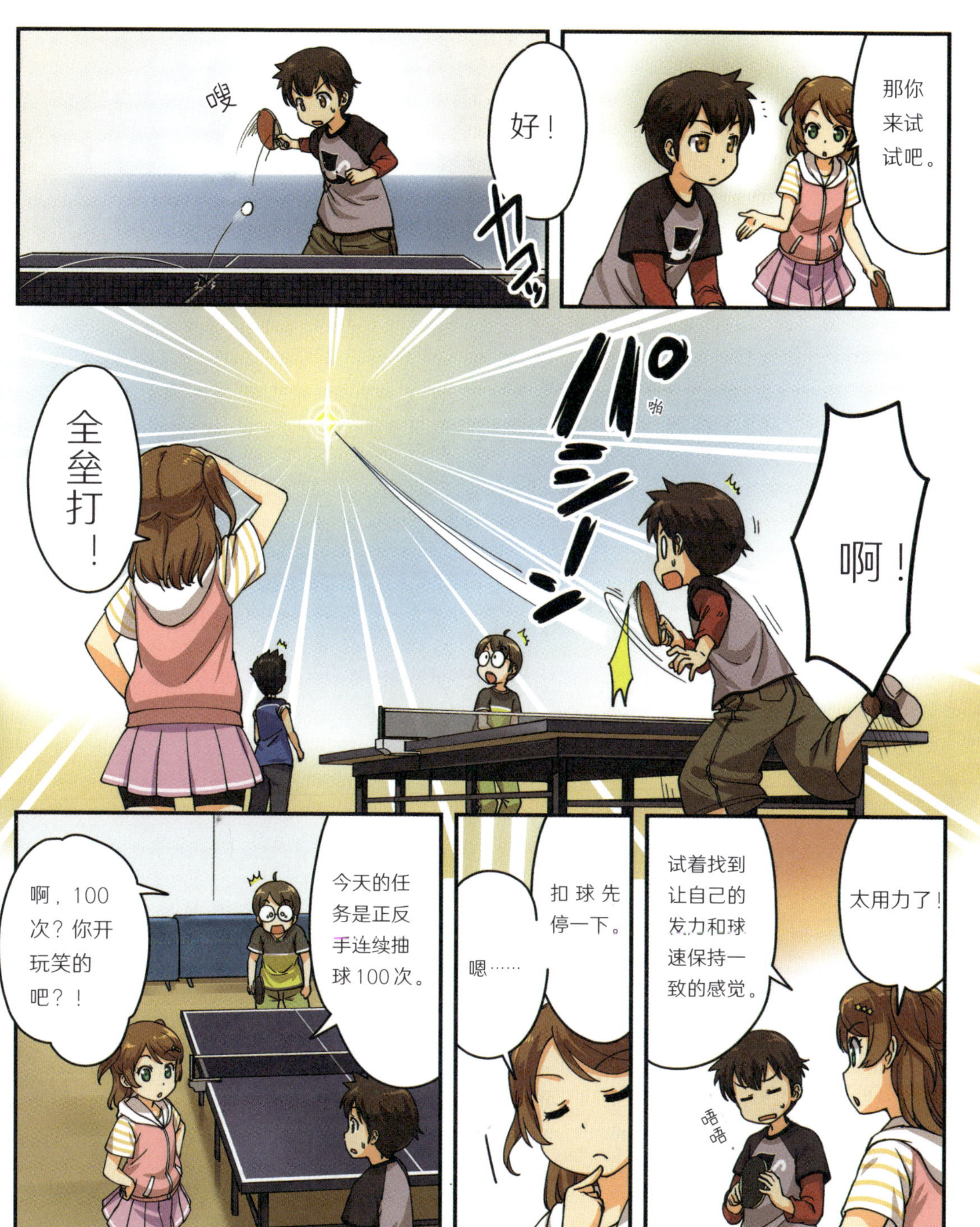嗖
好！
那你来试试吧。
啪
全垒打！
啊！
啊，100次？你开玩笑的吧？！
今天的任务是正反手连续抽球100次。
扣球先停一下。
嗯……
试着找到让自己的发力和球速保持一致的感觉。
太用力了！
唔唔

啊，你叫这名字啊？

拜托你好好叫我的名字，好吗？
我的名字叫慎吾！

你到底练还是不练？
哎，我说，我从刚才就一直很在意。

我要去舞蹈学校了，后面的事交给你们啦！

本人记不住乒乓球菜鸟的名字。

我们来完成100次抽球吧，让她刮目相看！
启太！圣治！
哗

之前还说什么糕点教室呢。
好像已经变了……

2个小时后

咕噜噜噜

当

唉，一场最多才对拉了 29 次……

哎呀！

くあー！

真是太难了！

咯 バタ

咯 バタ

不可能一下子就练好的哦。

是啊。

配合对手吗？

一周后

当 カコッ

就差一点了！

カコッ 当

今天也很热闹啊。

当

96！

那个……

当

97！

カコッ 当

98！

カコッ 当

99！

カコッ 当

100！
カッ
当
终于做到了！
筋疲力尽
正手100次！成功了！
摇摇晃晃
嗯……恭喜慎吾！

全是启太的功劳，而且启太很快就能赢得比赛了！
咦？
既然能这么配合对手，反过来应该也能为难对手啊。
对吧？
逆向思维啊！
我相信启太一定可以做到！
嗯！跟慎吾你在一起，我就觉得下次的比赛我能赢！
那个……启太……
慎吾……
或许是个了不起的孩子吧。

解说 正手击球

了解并掌握最基本的打法——正手击球！
掌握规范的正手击球动作，衔接高级技术！

Question

什么是正手击球？

Answer

正手击球是
最基本的打法！

正手击球是与扣球、拉球等相关的
重要的基本技术。
按照步骤来学习基础知识吧！

正手击球 1

练习正手动作的 8个步骤

第1步 保持拍面与球台垂直。

第2步

握姿采取平衡握法（中性握姿）。
将球拍放于身体斜前方。

保持拍面与
球台垂直！

第3步

让双脚保持比肩稍宽的站姿是最好的。左脚向前迈出一步。

第4步

保持前倾的姿势。

第5步

来球的时候，要等球到达自己合适的击球点，用球拍的中间部位击球。

第6步

通过直线移动来挥舞球拍。

第7步

通过移动身体带动重心转换，让重心从右向左稍微移动。

第8步

做到持续更长时间、不间断拉球的秘诀就是心系彼此。你要认为这是你与对手紧密合作才能完成的联合作业。

这里是重点！

乒乓球很难一个人练习。让我们一起努力，变得更强！

"用手打球"指的是什么?

Answer A

避免打球时只用手发力!

如果养成了打球时只用手发力的坏习惯,那么在练习高难度技术的时候,就会停滞不前。在乒乓球入门阶段就要避开这个坏习惯!

正手击球2

用手打球

打球时不移动身体,只用手去发力的状态。

打球不能只用手发力的3个原因

①无法适应变化

因为能打出高质量球的范围变小了,所以无法应对变化。

②没有力量

和用全身力气击打出去的球相比,只用手去击打的话,难以使出更大的力气。

③掌握球技需要花费时间

涨球会花费更多时间。
例如,即便会拉球,但若是旋转弱,就必须需要花费时间不断练习,直到能够在实战中稳定拉球。

反手击球

反手击球是与正手击球同等重要的最基本的打法。
在乒乓球比赛中,反手击球常常是取胜的关键。

什么样的打法
才算是
好的反手击球呢?

Answer A

手腕灵活的反手击球!

反手击球时,
手腕容易僵硬。
练一练灵活的反手吧!

练习反手动作的8个步骤

第1步

保持拍面与球台垂直。

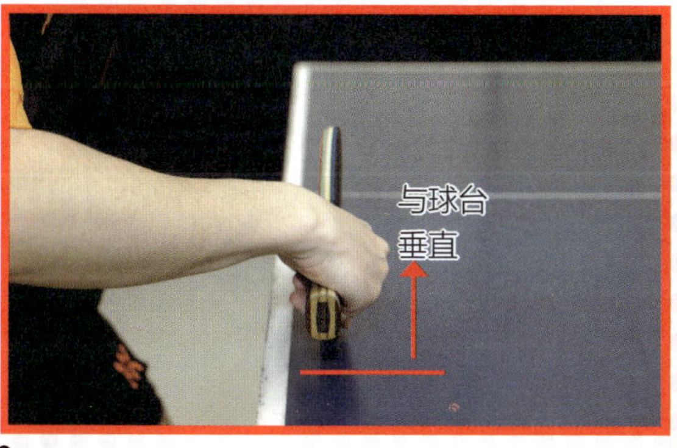

保持拍面与球台垂直!

第2步

握姿采取平衡握法(中性握姿)。将球拍放于身体前方。

第3步

双脚打开，保持比肩稍宽的站姿。建议左脚稍前或者双脚平行！

第4步

保持前倾的姿势。

第5步

来球的时候，要等球到达合适的击球点，用球拍的中间部位击球。

第6步

前臂画半圆来进行挥拍。

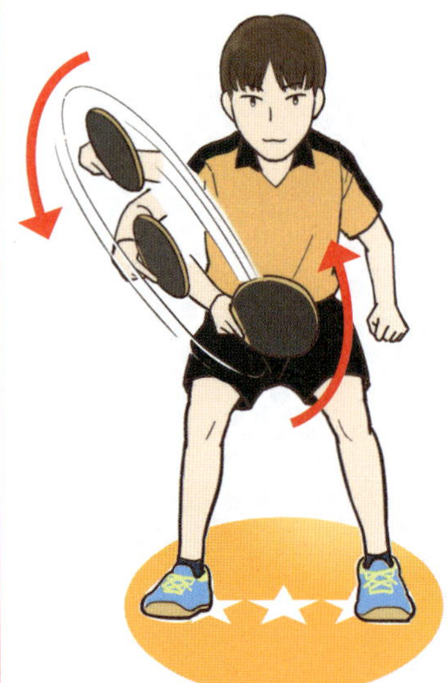

第7步

击球的时候手腕要固定。击球后把拍头转向回球的位置。

这里是重点！

学会用身体来进行反手击球！

第8步

与正手练习一样，想做到持续不间断拉球的秘诀就是信任对方。这是你与对手紧密合作才能完成的联合作业。

扣球

扣球，又叫扣杀，是比赛得分的关键技术！
因为是一项高难度技术，所以要好好练习，打好基础！

Question

该如何扣球？

Answer

试一试
以下3个步骤吧！

扣球是比赛中重要的得分技术。
动作上虽然只是正反手更用力地击球，
但要注意3个步骤，
掌握好扣球的要领！

扣球 1

扣球的3个步骤

第1步

找到适合自己发力的击球点！

第2步

往后引拍的动作幅度要小！

第3步

发七成力击球！

这里是重点！记住在来球落台跳起之后的最高点击球。

这里是重点！挥拍时引拍动作要小，速度要快，快速击球！

这里是重点！从容地考虑回球路线和角度！

如何扣高球？

小幅快速地
挥拍击打！

出乎意料的是，
扣高球并不简单。
特别是击打下旋球时
更容易出现失误。

击球的瞬间，小幅快速地挥拍。这样就不容易受到旋转的影响了。

扣球 2 打高球的要领

有什么办法可以
提高扣杀成功率吗？

在身前找到
可以用手抓住来球的
位置！

为了提高扣球的命中率，
有必要在击球时
准确地预判来球的位置。
用手抓得住来球的位置就是击球点！

扣球 3 提高命中率的练习

练习 1

用手抓住来球。

练习 2

做出用手抓住来球的动作，同时扣球。

反手扣球

反手扣球比正手扣球更难，
对很多人来说，这是个高难度的球技。

Question

不会反手扣球
怎么办?

Answer

掌握
4个要领!

当机会球来到反手时，
你可以强行侧身进行正手位扣球，
但是如果能做到反手扣球，
得分机会就会大大增加!

反手扣球 4个要领

注意以下4个要领，练一练!

要领1

发力时以肩部为支点，向身前斜上方挥拍。

手臂向身体内侧引拍，以肩部为支点，随着上半身还原回转，迅速挥拍击球!

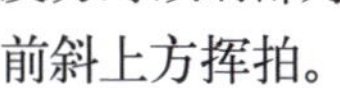

要领2

手臂根据来球的高度向后引拍。

要领 3

拍面打开，进行挥拍。

挥拍时，要亮拍，不要压拍。因为如果压低拍面挥拍，球很有可能会下网，造成失误。

要领 4

如果与来球的距离太近，可以退台击球。

齐肩高的球可以打。太高的球打不好，这时可以侧身用正手打。

必须记住这些乒乓球台的相关术语！

和朋友们一起 中场休息 HALF TIME 专栏

乒乓球台的相关术语

下面介绍一些与乒乓球台相关的术语。
数量有点多，不过只要经常练习和比赛就能记住，所以无须担心。

乒乓球台各部分的名称

乒乓球台看似宽大，实际上没那么大。了解球台的尺寸大小，在练习中增强意识吧！

线路名称

与边线、中线平行的线路称为直线。台面对角线上的线路称为斜线。

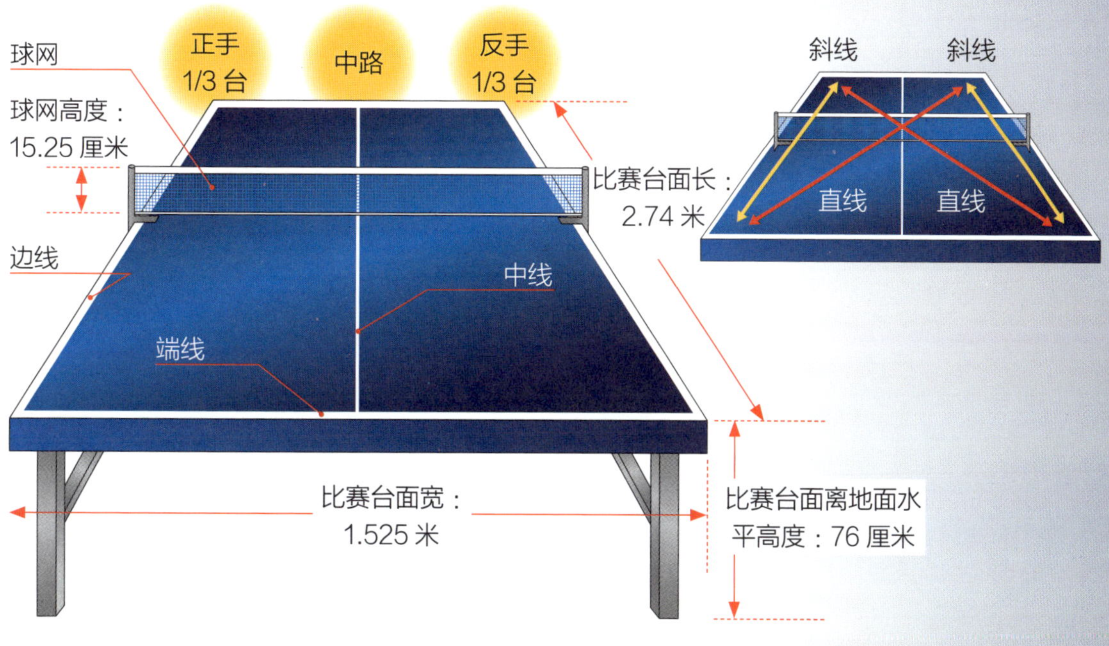

比赛区域

根据打法不同，选手的离台站位也会有所不同。最近，顶级高手大都使用快攻打法，站位偏近台。

以削球为主的选手站位大都偏远台，在看准进攻性的来球后将球削回去。

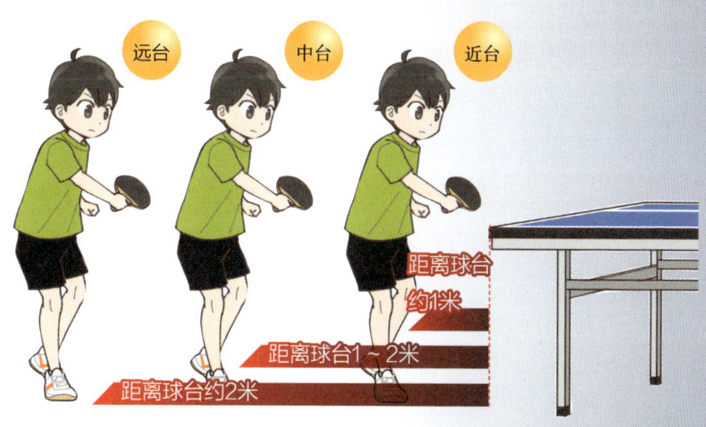

虽然才过了4年而已……

是的，我很喜欢！

丽佳，你喜欢乒乓球吗？

欢迎，慎吾来得最早啊。

哇，吓我一跳！

你好。

嗯？你为什么这么认为呢？

她…… 讨厌？我想丽佳应该不会讨厌乒乓球吧……

嗯，那时的她是绝对不会说讨厌乒乓球之类的话的。

这段视频是丽佳？

启太也曾经说过，丽佳对乒乓球是很认真的。
慎吾，你能帮我个忙吗？
什么事？
你去帮我问问丽佳她是不是还喜欢乒乓球。
不行、不行。我就算问了也是白搭！
怎么会呢？我觉得慎吾你肯定会帮我这个忙的。
你好。
就这么说定啦，慎吾！
拜托了！
嗯……
啊！
欢迎光临。
たたっ
吧嗒吧嗒

那就从拉球开始。

正手位的准备姿势：在保持球拍和球台垂直的基础上略微前倾。

右腿蓄力，身体稍微前倾，等待来球靠近，击球的瞬间上身向左转。

砰

右手把球拍往上提拉。

就像
这样。

唰
啪
唰
唰
让球不
停地摩
擦！

如果直接击打下
旋球的话，球就
会往下飞，所以
要想回球带有攻
击性，拉球是最
好的方法。
原来如
此。

话说回来，
什么时候使
用拉球呢？
一般在对付
下旋球的时
候使用。

那我发下
旋球，你
试着把球
拉起来啊。
好！我会
一击命中
的！

咔
呲
呲
呲
砰

我可是每天都在练颠球呢。更何况本人还很心灵手巧哦。
哎呀，真不错啊。虽然旋转还弱了点……
当
啪
シュルルル 呲

慎吾变魔术可厉害了！
这样啊。但是拉球不可能拉一次就掌握的……

也就是你把一直在练的旋转球颠球，在球台上打出来。
下旋球一般在发球和搓球时使用。

接下来讲一讲下旋球吧。

我们来做一组下旋发球和搓球回球的练习吧。

发下旋球时，先保持拍面与球台平行。

然后快速移动球拍，摩擦球的底部。

是这样吗？

咔

不错！虽然旋转弱了点，但确实是下旋球。

咻

好吧，接下来是搓球。

将拍面后仰45度角，然后再摩擦出球。

刚刚，丽佳好像叫了你的名字……

哈哈哈，我很厉害吧！

はっはっは！

哈哈哈

慎吾很擅长旋转啊。

那么，最后是侧旋球。

侧旋多用于发球吧。

不适应的话，打球时可能会有些难受，不过我会教你要领哦。

先说一下准备姿势。
保持发下旋球的姿态，将拍头向右斜下方立起，与台面呈 45 度角倾斜。

发球时引拍到身体的正后方，然后在触球瞬间加力摩擦！
嗖

咔
击球！
当

唰
然后向后引拍。

让球拍与台面呈45度角倾斜。

你试试吧？
好！

不过照现在这样，只要练习一会就能做到了。
呜哇！

击球！
嗖
啊！
在你找到感觉之前还是有点难的。
差一点！

那么今天的任务是拉球、下旋球。
以及侧旋球各100个。

回见。
我去编程教室了，接下来的拜托你啦，圣治。

等等！

我想说的是教球要有始有终，不能半途而废！

啊？你在说什么呢？

慎吾这么努力，丽佳你也要更认真地教他啊！

编程？

怒火中烧

呜……

你不能因为自己最近遭遇瓶颈，停滞不前，就把气撒在我身上啊！

还不是因为你们都不靠谱，所以我才要教慎吾啊！

解说 旋转

在乒乓球运动中，球的旋转非常重要。
一起来练习让旋转得心应手吧！

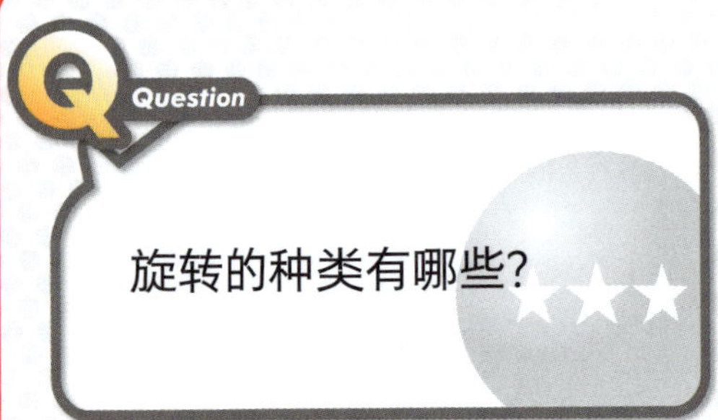

Answer

上旋、下旋、侧旋(侧下、侧上)等都是基本的旋转。

一旦能够制造旋转，
打球就会变得有趣起来。
了解每种旋转的方式和特点，
并活用在比赛之中！

旋转 旋转的种类

在此介绍4种旋转的基本类型！

上旋球

如图所示，上旋球就是让球一边做前滚翻运动，一边朝对手飞过去。当球碰到球拍时，会向上飞出。

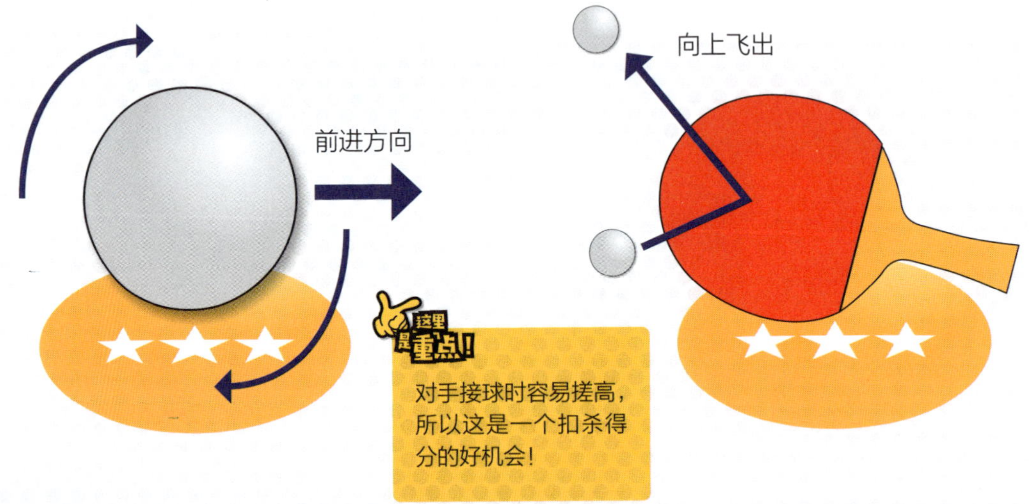

下旋球

下旋球与上旋球相反，让球一边做后滚翻运动，一边朝对手飞过去。当球碰到球拍时，会向下飞去。

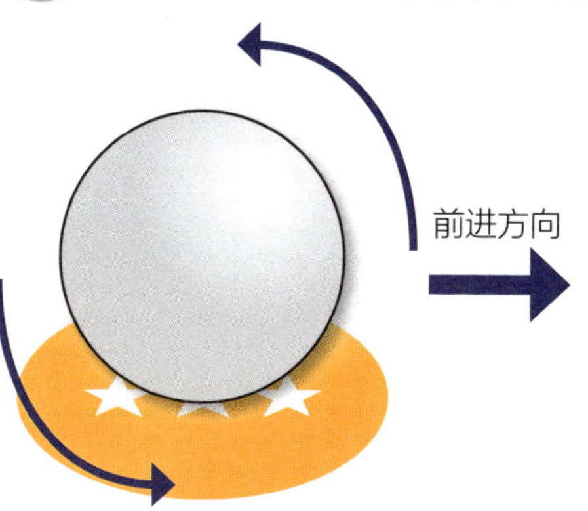

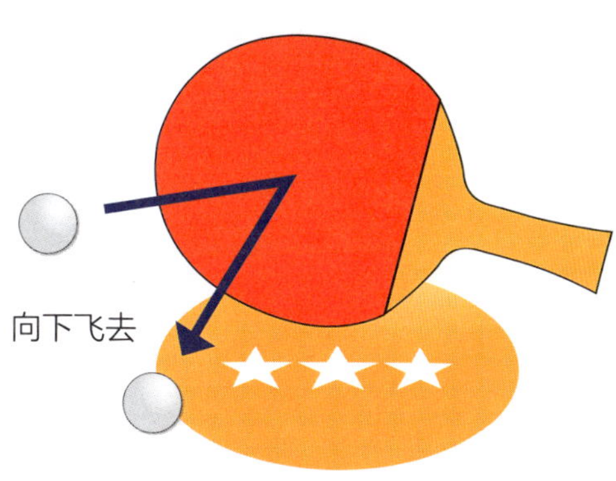

侧旋球

如图所示，水平顺时针旋转。水平逆时针旋转也可以。当球碰到球拍时，会向与旋转方向相反的方向飞去。分为左侧旋和右侧旋。

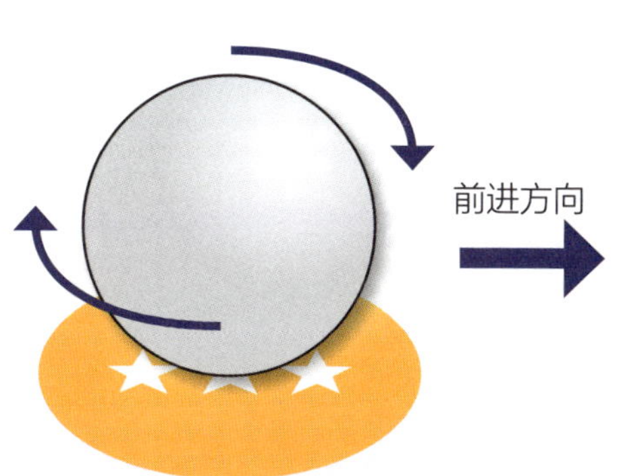

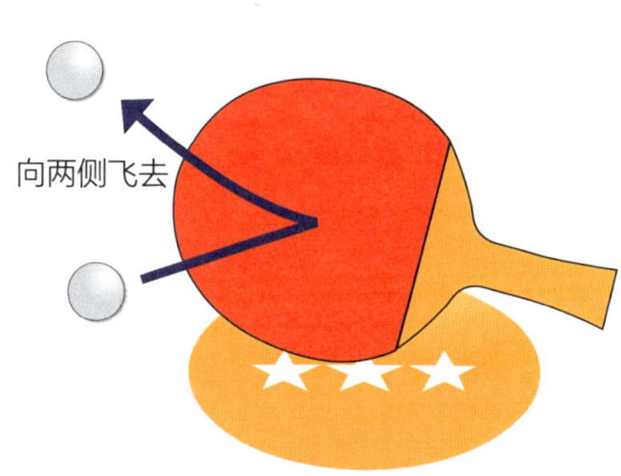

不转球

指没有通过摩擦制造旋转的不转球。在乒乓球比赛中，不转球也很重要。一项重要的战术就是让不转球看上去像旋转球。

正手拉球

正手拉球与扣球并列为重要的得分技术。
一定要牢牢掌握!

练习拉球的方法是什么?

Answer A

注意角度、重心和击球点,找到感觉!

学会拉上旋球,就能涨不少球。
但是拉球很难也是事实。
学会拉球,要注意3个要领!

拉球要领

记住3个要领,来练习拉球吧!

最佳角度

拍面不能与球台垂直,最好的角度是稍微前倾!

在挥拍击球时,找到胶皮摩擦球的感觉很重要!

打球的意识

有强烈的制造上旋球的意识。在撞击球的瞬间，拇指和食指发力抓拍。

这里是重点!

当你意识到这个连贯动作的时候，你就会找到拉球的感觉，所以即使闭上眼睛，也是可以拉的。

※请注意，这种方法拉不了下旋球(发球和搓球)。详情请见第82页。

重心移动

右脚蹬地的瞬间，把重心从右脚移到左脚上来击球。

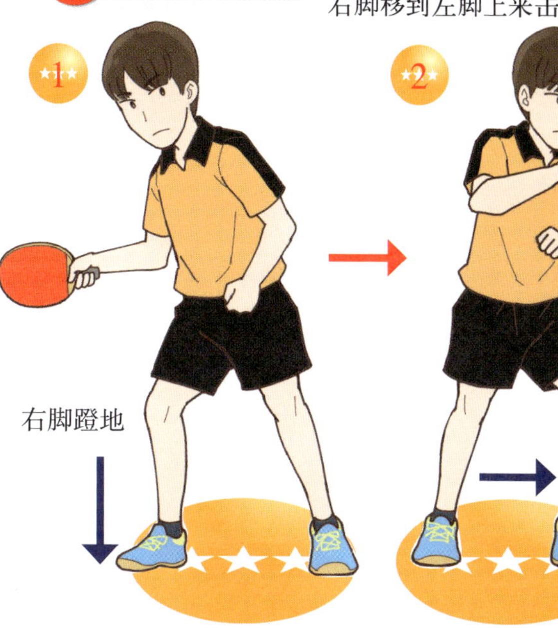

Question

可以一个人练拉球的方法是什么？

Answer A

介绍
3种练习方法！

我想练拉球，但是没有人陪我。
这时候，我来介绍一下
可以一个人单独练拉球的方法。

45度角

保持球拍前倾45度角，找拉上旋球的感觉。

正手拉球2

一个人能做的练习

制造弧线

让球拍与台面垂直，由下而上摩擦球，制造弧线！

这里是重点！

弧线是类似大山轮廓的轨迹。熟练了之后，再将球拍微微前倾，拉出前冲弧圈球！

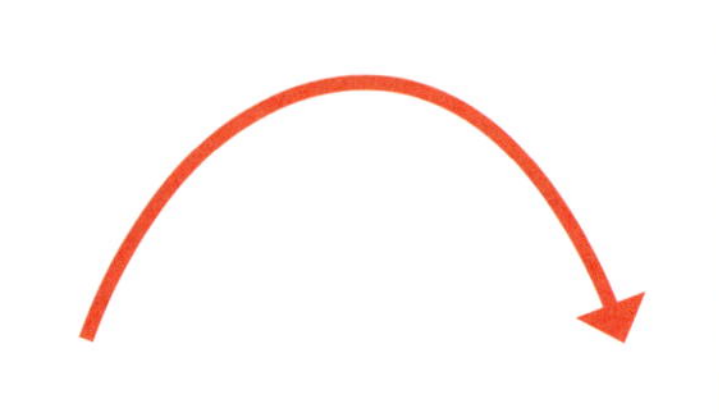

强上旋

用非持拍手将球抛向球拍，练习拉上旋。

这里是重点！

也可以用反手拉球，一个人的时候试一试吧！

反手拉球

当你掌握了正手拉球之后，
就可以练习反手拉球了！

Question

反手也能拉球吗？

Answer

当然！
这是一项
非常重要的实战技术！

如果能通过反手拉球
改变反手位的下旋和侧旋来球，
将球回到对方台内，
你的球技就会大涨。

反手拉球1

中台反手拉球的3个要领

蓄力·空间

反手拉球时大拇指“上翘”压住拍面，
在身体左侧进行蓄力的准备。

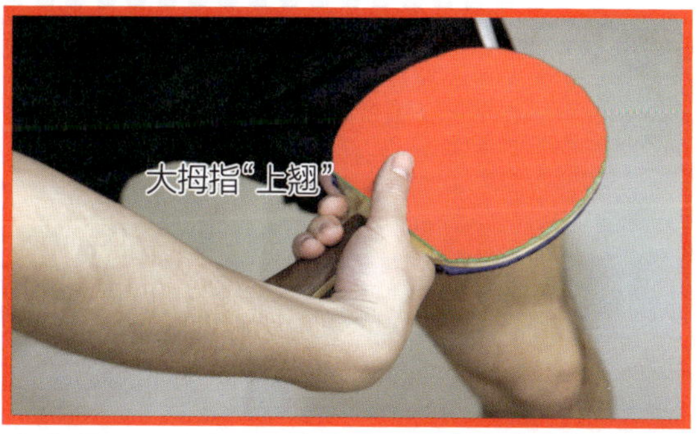

中台要比近台有更多的挥拍空间，充分蓄力，发力拉球吧！

重心

从左到右转移重心。

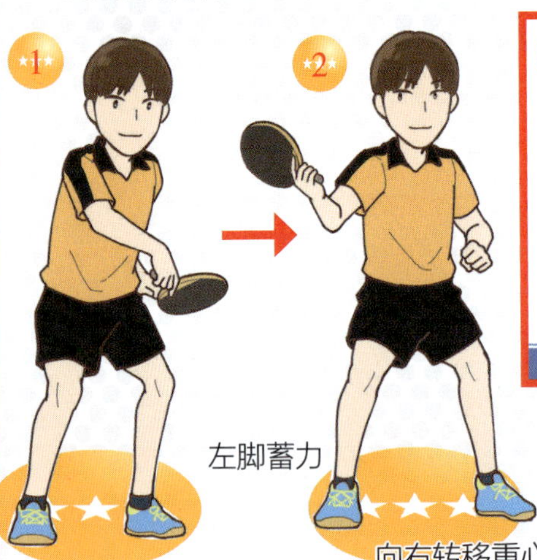

手腕

按照肘关节→前臂→手腕→球拍的顺序发力。

像扔飞盘一样甩出去!

反手拉球2

近台反手拉球的3个要领

与中台相比，
近台更难拉球!
注意3个要领!

身体的使用方法

非持拍手在击球的瞬间抬起。

击球的位置

来球弹起之后，立即在身体正前方接球。

手臂的使用方法

将前臂牢牢固定在适当的位置，手腕内曲，向右前上方摩擦来球。

如果像中台那样引拍幅度过大的话，就可能会漏球。

如果前臂不固定的话，就会漏掉近台快球!

搓球

下旋来球的防守性回球就是搓球。
搓球是乒乓球的重要技术。

Question

怎么搓球？

Answer

让球拍和台面保持45度角！

在球台上搓出下旋球的技术就是搓球。如果你能通过搓球稳定地回球，你的球技也会大涨！

搓球1 搓球的要领

虽然搓球有搓弱下旋的搓球（借力搓）和搓加转下旋的搓球（发力搓），但这两者都有共同的要领！

角度 正反手搓球时，拍面与台面都成45度角！

这里是重点！

只要保持板型，碰到来球，就能回球。如果能够积极发力、施加旋转的话，就可以抵消对手的旋转哦！

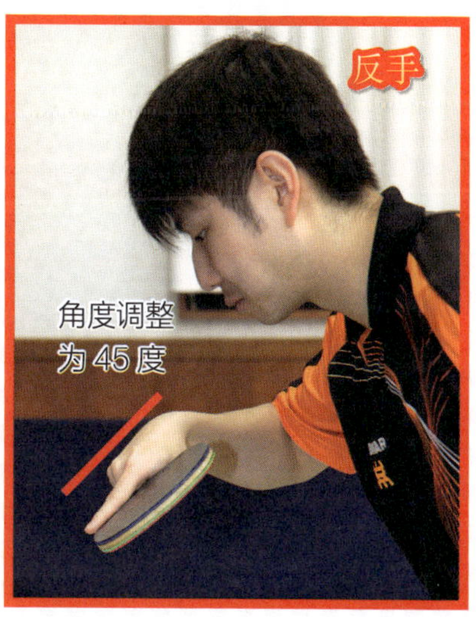

什么是加转搓球?

为了抵消来球的旋转，对来球主动发力制造旋转的技术。

不加转的搓球是防守性搓球，
但加转搓球是进攻性搓球。
只要记住这一点，
就会大幅提升胜率哦！

搓球2

加转搓球的4个要领

除了一般的搓球要领，再掌握以下4个要领，就能学会加转搓球！

搓球姿势

球面和一般的搓球一样，正反手都与台面保持45度角。凭着削球的感觉，以较小的动作幅度快速地去摩擦来球。

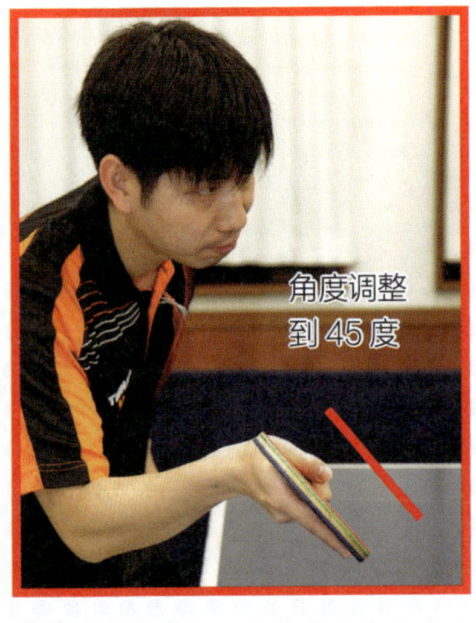

这里是重点！

击球时，以肘关节为轴，前臂发力带动手腕迅速向前下方挥拍。与普通搓球相比，加转搓球要求迅速出球。

摩擦的方法

用球拍的下半部分来触球摩擦。搓不出加转球的原因大多是用球拍的上半部分触球了。

这里是重点！

反手也是一样的。用球拍的下半部分来触球，之后吃住球进行摩擦！

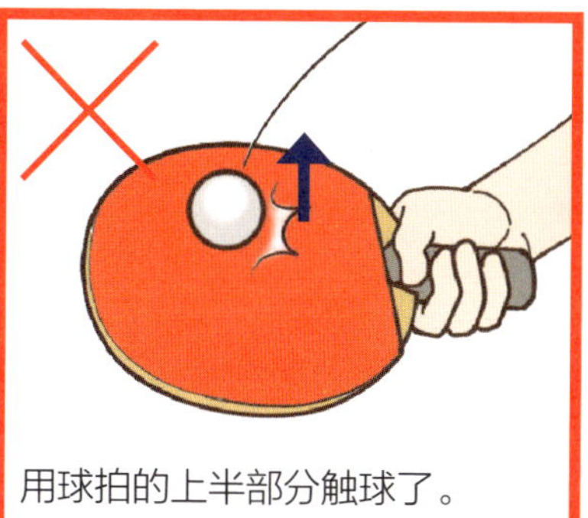

用球拍的上半部分触球了。

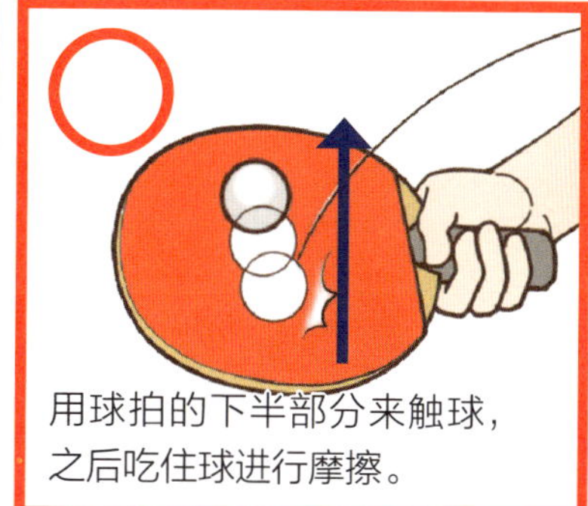

用球拍的下半部分来触球，之后吃住球进行摩擦。

时机

找准球的下降前期及时搓球。

这里是重点！

初学者、有一定基础的球员可以在球下降前期进行练习，高手可以在回球刚从桌面跳起的上升前期进行练习哦。

练习法

让对手发上旋球，然后用搓球回球。

这里是重点！

把上旋球搓成下旋球是一项高难度技术，不妨试着挑战一下吧！

如何在对搓中获胜?

Answer A

积极练习正手搓球,
因为正手搓球的失误很多!

和反手搓球的小范围相比,
正手搓球的范围很大,
所以很容易出现失误。
掌握要领,在搓球对抗中制胜!

搓球3

不失误的3个要领

意识到3个要领的话,就能减少失误哦!

保持击球点在一条线上

在球台上,让正反手位搓球的击球点保持在一条直线上。

角度

拍面和台面保持45度角!

这里是重点!

确保击球点在一条线上,这样可以缩短球拍的移动时间哦。

这里是重点!

立刻开始练习,用45度角出球!

相持

因为在双方相持中没有太多的时间来加转搓球，所以我们主要使用不加转的搓球。

光掌握搓球技术还是不够的，打球时如果能做到控制比赛节奏的话，你的失误就会减少！

3个好处

①让对手猝不及防

确保击球点在一条线上，不使用加转搓球，从而缩短接球时间。不给对手时间，主动进入相持。

②不会被拉

因为对手没有充足的时间，所以回球被拉的可能性就降低了。

③有充分的时间选择回球路线

因为控制了比赛节奏，所以可以找准对手的空当进行回球。

练习法

通过不确定回球路线的任意对搓来进行练习。

拉球(拉下旋球)

要拉下旋球，
你需要掌握一些不同于正常拉球的要领！

你能拉起搓球吗？

拉下旋球！

如果掌握了拉下旋球，
你的球就具备攻击性了。

拉球(拉下旋球)1 3个要领

请注意3个要领，用弧圈球的方式来回搓球吧！

拍面 保持拍面与球台垂直。

拉普通的上旋球或不转球的时候，需要将球拍前倾，但是当以这种方式回击下旋球的时候，回球往往会下网。

蓄力姿势

保持双腿略比肩宽的站姿，拍型固定，右腿蓄力。

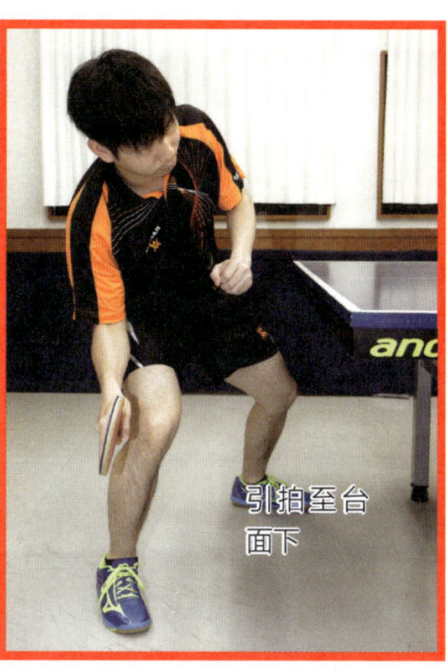

这里是重点！

和普通的拉球相比，拉下旋需要更多向上的力量。

转移重心

右腿蹬地，重心向左转移的同时，将球拍由下向上移动。

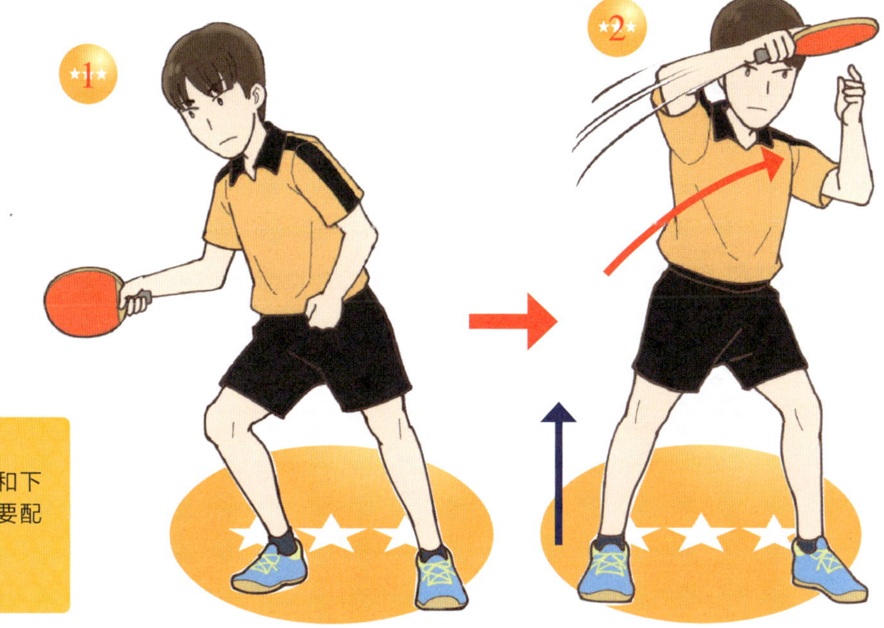

这里是重点！

注意上半身和下半身的动作要配合连贯。

反手拉球的3个要领

请注意3个要领，
在后拉球中尝试返回搓球！

拍面

保持拍面与球台垂直。或者将球拍微微地前倾。

初学者、中级者要注意保持拍面与球台垂直，而高级球员可以将球拍微微地前倾。

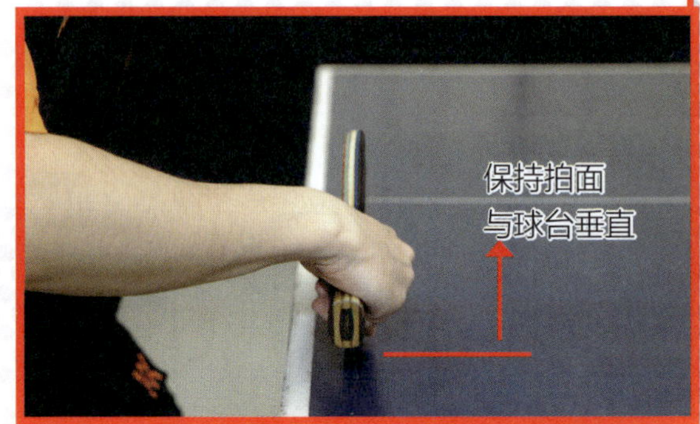

蓄力姿势

在身体正前方做好准备。

和正手一样，拉下旋球时需要更多向上的力量来抵消来球自身的下旋转。

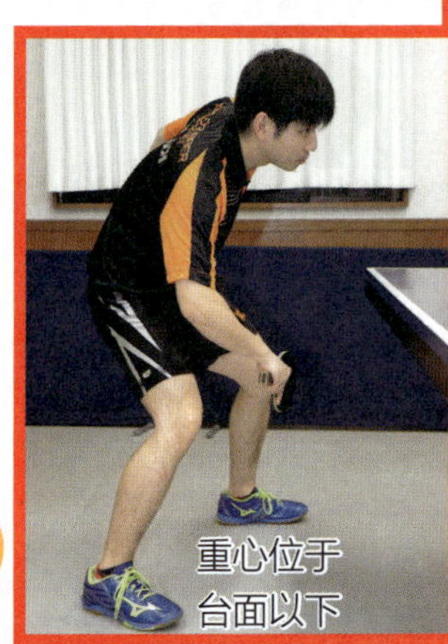

做好挥拍准备

持拍手放在台面以下，蓄势待发。

练习反手拉下旋球时要一直保持“从下往上”的意识！

台内拧拉

台内拧拉是一种可以把对手发来的不好接的短球主动拧成高质量的上旋球，从而直接得分或形成主动相持局面的技术。

Question

台内拧拉是什么？

Answer

这是一种在台面上用反手制造强烈旋转的打法。

因为可以通过反手台内拧拉接发球形成进攻，所以现在的顶级球员也经常使用这种打法。

台内拧拉 4个要领

台内拧拉是旋转技术中较难的技术之一。一起来练习4个要领吧！

姿势

身体要入台。

这里是重点！

在台内制造侧旋的台内拧拉。为了能充分制造旋转，上身要尽可能压低，将旋转传递到球上！

肘关节的位置

抬高肘部，然后在肘部往身体正前方内收的同时进行击球。

拧拉的时候抬高肘关节，这是保证拧拉质量的关键哦。

触球位置

摩擦球左侧中部偏下的位置。

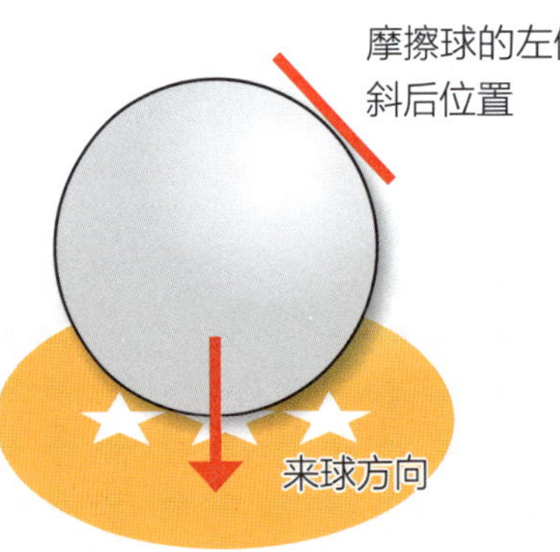

当对手发的是强烈的下旋球或侧旋球时，不要摩擦球的左侧中部偏下的位置，可以直接摩擦球的左侧中部。虽然出球速度不快，但能增加台内拧拉的稳定性哦。

击球点

等球靠近，在其高点期或下降期击球。

台内拧拉出手过早往往容易失误。一定要等球靠近，充分蓄力，留足时间再完成拧拉！

颗粒胶皮是什么样的胶皮?

颗粒胶皮的特性

和朋友们一起 中场休息 HALF TIME 专栏

颗粒胶皮既不怎么吃旋转，回球的旋转又很独特。下面解读颗粒胶皮的奥秘!

长胶胶皮的旋转

如果对手使用颗粒胶皮的话，对手来球的旋转和自己回球的旋转正好相反。

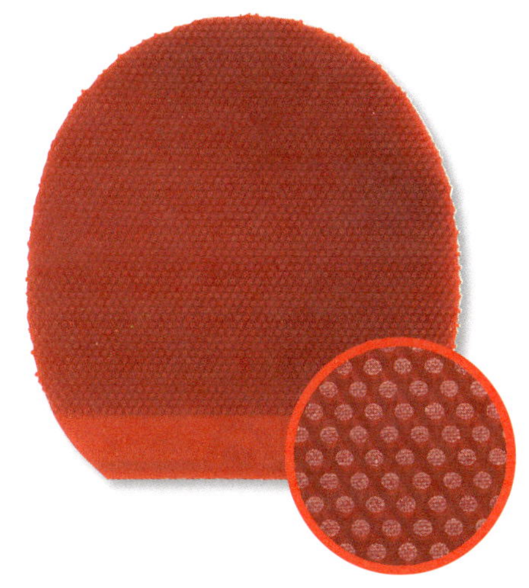

反向旋转

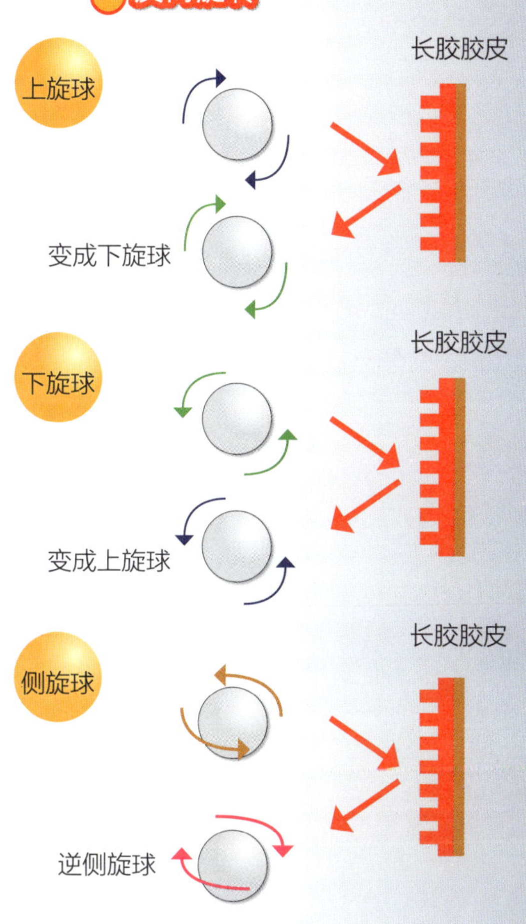

对付长胶胶皮的打法

对初学者来说，对付长胶是相当困难的。下面介绍一些对付长胶的办法!

·比赛时多用爆冲!

长胶胶皮的旋转变化很强，但其弱点是难以对付靠近边线的长球。如果对自己的攻击力有自信的话，在比赛时就可以把爆冲当主要手段!

·不要加转!

以弱下旋回球的话，来球就会变成弱上旋。这时要抓住机会，用扣球和拉弧圈来拿下一分!

·以不转球为主进行比赛!

长胶胶皮是很难主动制造旋转的胶皮，所以来球不转的话，回球也是不转的。要抓住这一特点!

长胶胶皮除能回击反向旋转的球以外，还有其他的回球方式。

漫画
第4章
多板回合！
MANGA TABLE TENNIS PRIMER Chapter 04

丽佳说她今天不想教球，所以……
我请了一位熟识的教练过来！
熟识的？
或许是乒乓球运动员吧。
请进！
请多关照！本人是“WRM”的咕奇。
咦？是咕奇教练啊！
哇！太棒了！我一直在看你的视频！
大家都认识啊，不愧是名人！咕奇！
哪里哪里！心里还是挺高兴的！

呃……
请问！
举起
如果有什么不明白的地方尽管问啊！

今天受羽奈前辈之托，我来做你们的教练！
拜托您了！

教练，你是怎么想到录乒乓球教学视频的呢？

当然是因为热爱这项运动啦！

因为热爱这项运动？

我想通过视频，让更多的人爱上打乒乓球！

真了不起啊！

我也非常热爱这项运动！我会努力的！
キラ
キラ
闪闪发亮
真是干劲十足啊。

哈哈哈
哈哈

到目前为止……
正手
反手
我想大家一直做的正反手练习都是单独进行的吧。

听说你们已经学会了一些基本的打法，那么今天我来教大家如何进行更接近实战的系统性练习吧！
系统性练习？

我们接下来要说的是正反手切换。
唰
唰
或者通过步法移动在运动中击球的练习。
好厉害！
咦？为什么要练习那个啊？

嗯，因为在比赛中不会出现固定的来球，而且反应时间也很少。
怎么办？
旋转？
路线？
所以，为了能应对各种各样的球，我们要进行系统性练习。

最后，我们还会进行随机练习，这几乎和真实的比赛差不多。
我不擅长这个……

没关系！我会一边带大家进行系统性练习……
一边教大家一些要领的，能应对各种各样的情况！

好的！

乒乓球运动最近流行的打法是近台快攻。
在这种打法风格中，正反手之间的自由切换是至关重要的。
自由切换？

近台击球意味着对手回球的速度也会变得更快。
远台
近台
如果你反应稍慢，就有可能漏球。

所以，如果能做到正反手的自由切换，就能更好地衔接击球点。
越厉害的球员其正反手转换的速度就越快，是吧？
没错！

好吧，那我们就先简单地正手对正手，反手对反手来回打几下。

就在正手和反手之间切换。
当
为了让球拍在最短距离内能直线移动……

切换的要领是……
保持身体在正面。
当

这个时候要注意。
不要把肩膀向后倾斜太多。
唰

就是不要切换成倒U字形啊。
明白！

是啊！
乒乓球段位金字塔的最顶端啊！
随心所欲地控球
确保上台
打球的感觉
决定回球的路线，培养落点意识，这样就能回出高质量的球了！

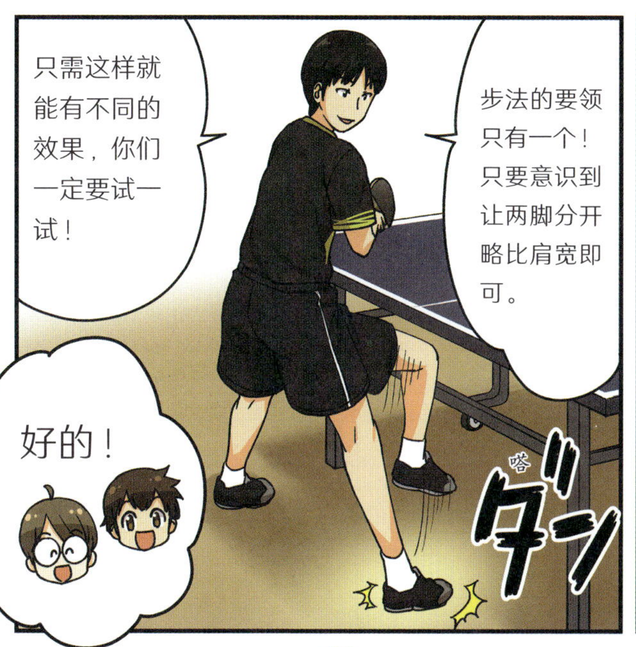
只需这样就能有不同的效果，你们一定要试一试！
步法的要领只有一个！只要意识到让两脚分开略比肩宽即可。
好的！
嗒
ダン

如果你移动得够快，就能应对各路来球，还可以蓄力拉球。
这之后还要教你应对快球的步法要领。
原来如此！

其他的系统性练习在第 140 页和第 162 页有相关介绍，记得练习前务必看一看哦！
嗯！
好吧，启太，我们去练一练吧！

那个……咕奇教练。
当
当
当
嗯，怎么了？
有问题尽管开口。
嗯……
虽然我现在已经掌握了乒乓球的基本技能。
但是我最近感觉遇到了瓶颈。
我有些迷茫了。
停滞不前啊，我也有过。
咕奇教练你也有过这样的经历啊？
遇到这种情况，我首先会“回归基本功”。
回归基本功？
是啊！
从基本功开始，重新审视每一项技能。
比如战术是否适合自己、底板和胶皮是否适合自己。
以及握法是否正确、正反手是否有不好的毛病。

这些经验对你有帮助吗？
深鞠躬
ペコッ
是的！谢谢你！

对了，你有记乒乓球笔记吗?
啊……有记。
乒乓球笔记
重读乒乓球笔记的时候也会有新发现哦。

重读乒乓球笔记……
从基本功开始，重新审视每一项技能。

如果还有什么事，随时可以问我哦！
哦！

圣治，还有件事……
嘀嘀咕咕
是吗？！那是……
别客气，说来听听。

那个……

要怎么做才能跟女孩子和好呢！

啊？

丽佳！

之前的事我很抱歉。
事到如今，你又想怎样？

所以你就拿我撒气？
不是……当然也有这个原因了……

就像丽佳说的那样，我因为遇到瓶颈、停滞不前，所以很着急。
但是比赛马上就要开始了，慎吾也很努力，我也希望丽佳能认真地去教球……

我最难以接受的是丽佳打算放弃打乒乓球。
所以？

我希望你能认真教慎吾打乒乓球。
拜托！
至少到比赛之前。
所以……我不会再说三道四了。

拜托！

我还有和妈妈的约定呢。
我会努力让慎吾赢得比赛的。
之后我就不知道啦。

好的，谢谢你！丽佳！
看吧！
真诚地道歉才是最好的方法！
是的！

多拍相持

掌握基本的击球方法和拉球等技能,进行多拍相持,这是涨球的目标之一。
在此介绍多拍相持所需的知识和技能。

Question

我该怎么做才能进行多拍相持?

Answer

从短球开始练习,找到控球的感觉!

进行多拍相持的要领在于,掌握稳定的打法和控球的感觉,并仔细观察对手的动作。下面介绍多拍相持的练习。

合理的击球点

首先要知道如何找到合理的击球点!

在身体前面用手臂围成一个漂亮的圆圈。圆圈内就是合理的击球点的范围,因为在这里面,击球力量更容易从球拍传递到球上!

多拍相持2 控球

从台内短球开始，
逐渐扩大范围进行击球练习。

第1阶段

在靠近球网的近台进行多拍相持练习。

第2阶段

在中台进行多拍相持练习。

第3阶段

在球桌上拉直线，进行多拍相持练习。

第4阶段

在球桌上拉斜线，进行多拍相持练习。

不仅要看到自己，还要看到对手的挥拍动作。可以通过球拍的方向等来预判来球的轨迹，到了比赛的时候，你就可以知道对手在使用什么技术，比如搓球、拉球，等等！

怎么才能在正手位
打出不同落点的球？

Answer A

将持拍手和相对侧脚的脚尖
对准你想回球的落点！

在正手位很难打出不同落点的球。
但是只要遵循以下2点，
就可以轻松控制落点哦！

多拍相持3

如何掌握正手控球？

在正手位打出不同落点的球的2个关键点。

脚尖

把与持拍手相反的脚尖对准你想回球的落点，自然而然地就形成了指向那个落点的回球姿势。光移动腿是不行的。拉球和扣球也是如此。

身体的前方

试着借助来球的力量在身体前方击球。

来球越接近下降期越难控制。这个时候要注意球拍的角度，控制好落点。

步法

乒乓球有两种类型的步法，
一种是左右移动，另一种是前后移动。

Question

怎么做才能
加快步伐？

Answer

双脚不要站死，
做好跨一大步的准备！

步法变得更快之后，
你将能够以最合理的姿势击球！
留意以下3个要领进行练习吧！

步法 3个要领以及练习方法

3个要领

①保持灵活站姿，不要完全踩死。

②保持需要向来球方向跨一大步的意识。

③注意每种打法的基本姿势，练习快速还原的感觉。

练习方法

按照①正手近台、②正手远台、③反手近台、④反手远台的顺序开展步法的系统性训练。

这样不仅可以练习左右移动，还可以练习前后移动，真是一举两得的练习法！

正反手转换

目前乒乓球的打法主要是近台快攻。
正反手转换是一项非常重要的技术。

Question

正反手转换很难，
怎样应对呢？

Answer

掌握合理的
姿势和挥拍动作!

那些难以做到正反手转换的人
在挥拍时会有很多多余的动作。
留意要领，试一试
正反手转换的练习方法吧!

正反手转换1 转换的2个要领

了解避免在转换时出现多余动作的2个要领!

直线移动

正反手转换时球拍的移动轨迹不是一条弧线，而是沿直线移动，这一点需要留意。

身体姿势

尽可能面向前方。

还要注意，无论是正手还是反手，都不要大幅度挥拍。继续练习多拍相持吧!

正反手转换2 转换的练习方法

按照以下顺序进行系统性练习，掌握正反手转换。

反手 用反手回击反手位来球。

正手 用正手回击正手位来球。

反复练习

正手 用正手回击中路来球。

反手 用反手回击反手位来球。

这里是重点！

反手位的反手和中路的正手，以及反手位的反手和正手位的正手，两个一组进行练习的话，你就可以逐渐控制全台了。
另外，正反手转换不仅仅是手的转换，也是动作的转换。

多板对拉

正手多板相持对拉很有看点，非常精彩！
如果了解要领并勤加练习，你也能够掌握的。

多板相持对拉的要领？

用尽全力
画出一条大弧线！

与普通的拉球相比，
正手多板相持对拉需要更大的摩擦力。
仅仅依靠手的力量是远远不够的，
需要将全身的力量传递到球上制造旋转！

多板对拉 4个要领

想要制造强烈的旋转，
按照以下4个要领来拉球吧！

站姿

双脚分开，略宽于肩。
与球台保持一定距离。

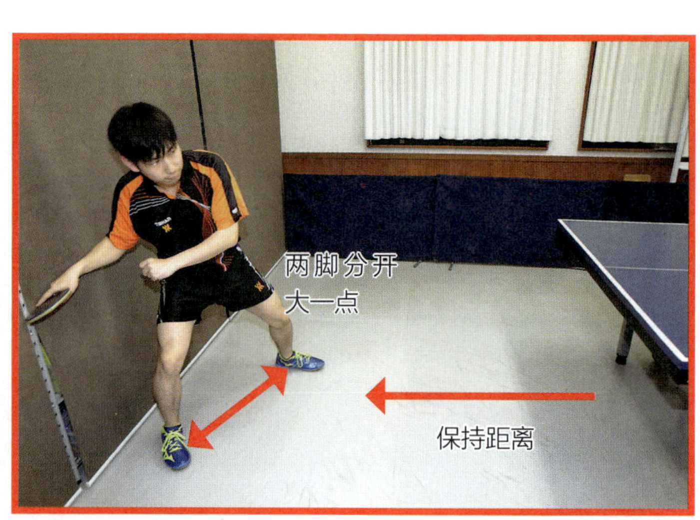

两脚分开大一点，这样就更容易将对手的拉球拉回去。

身体的使用方法

要做到全身协调发力拉球。不会多板相持对拉的人，很多时候不是用身体，而是只用手在击球。

想把球拉得远，切勿只用手击球！ 这一点要注意。

弧线

让球拍和球台保持 45 度角，注意不要画高弧线，而要画长弧线。

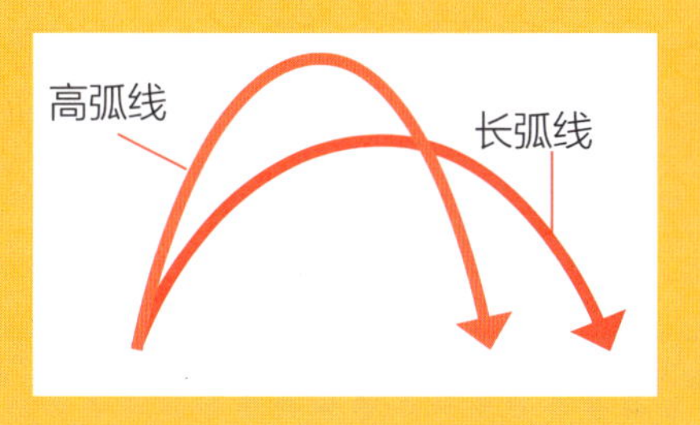

意识

意识到强烈的旋转。重视旋转，就是要用自己的上旋抵消对手来球的上旋。

不要“撞击”球，要有“摩擦”球的意识！

确实！不愧是咕奇教练。

我当时还在想该怎么办呢。多亏了咕奇教练。

丽佳和圣治能和好，真是太好了！

是啊。

一如既往，加油训练吧！

嗯！

阳光乒乓球俱

你好！

ガヤガヤ
喧哗 吵闹

慎吾、启太，你们来这边！

这……这是怎么啦？发生什么事了？

之前我说了，今天要教你如何发球和接发球。
嗯！

首先是发球的基本规则。
发球时，应让球保持在比赛台面之上，不执拍的那只手的手掌向上，手掌张开并伸平，从而让球可见。

发球时抛球的高度距离台面不低于16厘米。
上抛
发球！
当
发球的时候，必须要让球在己方的台面上弹一下。

如果擦网后落入对方台内是可以重新发球的。
规矩还真多啊。
呃……
你很快就会习惯的。

下旋发球和侧旋发球之前都讲过了。
今天我要教你如何发奔球和不转球……
还有练习发球的要领。

* 甜区，指球拍拍面的有效击球区域。

啪
搓高了？
像是下旋……
当
如果你用发下旋球的姿势来发不转球的话，对手就可能会误判你发的是下旋，然后选择搓球进行回球！
但是球并没有向下旋转，所以搓过来的球往往很高，为你创造了进攻的机会。
原来如此！
如果能以同一个姿势发出各种各样的旋转，那么发球的威力就会提升好几倍。
是吗？感觉就像是相互欺骗啊。
慎吾，你表演魔术那么厉害，这种事你最擅长了！
呵呵呵，说的也是！
下旋
侧旋
不转
看球！
当
这球是转还是不转？！

所以才要每次都发不同的球进行练习。

原来如此。

这样你就可以保证在发各种球的时候不失误了。

接下来是接发球的练习。

基本上只要仔细观察对手发球时球拍的角度……
以同样的角度回击，就可以将球接住了。

以同样的角度？不简单啊。
是啊，所以在掌握之前要多多练习啊。
参考第123页吧！
学习其他接发球的方法。

接下来就拜托大家啦。
好！
OK！
接下来拜托大家发各种各样的球，而训练目标就是接好这些发球。

为什么要去接大家的发球啊？
慎吾经验不足，所以首先要去接一接不同人的各式发球，这一点很重要。
ゾロゾロ

咔
当
特训开始！
当
可恶！
好！
你看吧！
啊！
嘭

本以为远离乒乓球后，我就会明白，可是……

你尝试了很多其他事情，然后搞清楚了吗？

嗯……
并没有！

话说回来，慎吾倒是喜欢上了乒乓球啊！
嗯！托大家的福，我现在已经是乒乓球“球痴”了！
握拳

喜欢还是讨厌……

哎呀，不要想得那么复杂嘛。
喜欢就打，讨厌就不打，很简单的决定啊！

教练，拜托了！
离比赛还有点时间。

嗯哼。

接下来的训练会更严格，你要有心理准备哦！

初生之犊不畏虎啊。

解说 发球

打出比赛第一球的技术就是发球!
接下来学习不同的发球!

Question

发球
有哪些类型?

Answer

基本上分为
上旋发球、下旋发球、侧旋发球和
不转发球4种!

在4种基本发球的基础上,
配合不同的旋转、速度、长短,
威力会完全不同的哦!

发球1 4种基本发球

首先,介绍4种类型的发球,它们分别是上旋发球、下旋发球、侧旋发球和不转发球!

上旋发球

向上旋转的发球。摩擦的动作类似拉球一样。发球可以直接加转拉起,对手的回球大概率会是上旋球,这样你就更容易进行接发球抢攻了。

这里是重点!

使用前臂的力量,在击球的瞬间,以拉球的姿势摩擦球!

下旋发球

向下旋转的发球。除了拉球技术好的球员，其他球员往往会用搓球进行接发球。

这里是重点！

第 75 页的“搓球”技术也是制造下旋球的。打法也有很多相同之处。

侧旋发球

往侧面旋转的发球。能够发出落台后往外跳拐的球。

这里是重点！

第 83 页的“台内拧拉”技术也可以制造侧旋球。一起来了解一下这些技术之间的关系吧！

不转发球

没有旋转的发球。以与其他旋转发球相同的姿势发球，威力会提升好几倍。

这里是重点！

如果你以“撞击”的动作发球，基本上就是不转发球了。

怎么练才能让发球在实战比赛中更胜一筹?

建议模拟比赛进行发球练习!

在发球练习时,往往很容易一直在一个路线上练同一种发球。为了在比赛中取胜,有必要进行模拟实战的发球练习哦!

发球2

模拟实战的发球练习

比赛中每次发球都不一样,这是理所当然的。我们需要练的,是可以提高每一个发球的稳定性。

短球和长球

发球时通过路线的长短结合,掌握乒乓球台的距离感。

改变路线

反手、中路、正手,每次都变着路线去发球。

旋转变化

下旋发球、侧旋发球、上旋发球和不转发球等，一次次地变换发球方式。做到即使在比赛中，也可以每次都发出不同的发球。

同一姿势

如果在比赛中每次都以不同的发球姿势来发球，那么发球姿势就会暴露球的旋转，所以要练习以同一姿势发不同的旋转！

充分摩擦

在练习发各种旋转球的时候，也要加入集中发力的练习。

通过全力制造旋转，可以了解自己现在的力量，也可以发出旋转更强烈的球。

如何才能将球发得更快呢?

Answer A

把拍头朝下，
挥拍动作幅度小!

一个快速的发球就足以让对手措手不及。这个姿势还可以发出旋转球，一定要掌握哦!

发球 3

发出快速球的3个要领

挥拍方法

向后引拍 20 ~ 30 厘米，击球动作幅度要小。

击球点

击球点与网同高或稍低于网。第一落点要靠近本方台面的端线。

球拍

将拍头朝下发球。

还是觉得困难的人……

要意识到，不能让球拍触球后，球在球台上的弹跳声听起来像慢节奏的“咚、咚”声，而要让弹跳声听起来像“哒、哒”那样快节奏的声音!

如何发出下旋球？

抓住要领，
瞬间加旋转！

在比赛中下旋发球是基本的战斗力。
抓住要领，
掌握下旋发球！

发下旋球的基本步骤

台上练习

在球台上进行由后向前摩擦，制造下旋的颠球练习。

练习发球

将拍面和台面保持平行。触球时，制造旋转的摩擦要薄、要快！

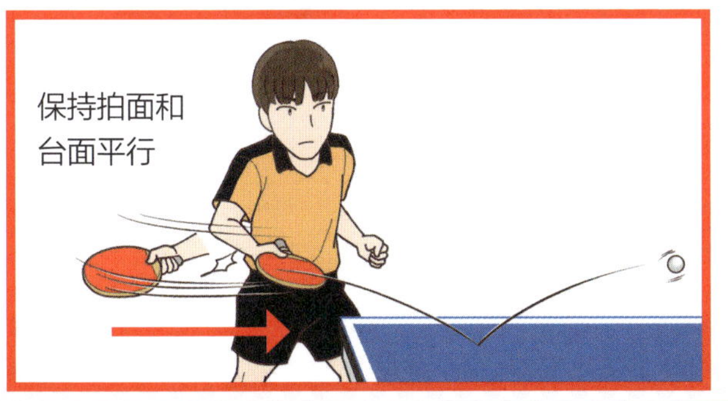

有制造旋转的意识

通过颠球（拍面微微后仰，由后向前摩擦来制造旋转）培养感觉。

拍型和第30页找到"摩擦"感觉的拍型一样。首先要找到制造下旋的感觉。

能发出基本的下旋球之后……

教你如何用
发下旋球的姿势
发出不转球!

角度

将拍面与球台由平行调整为60度角左右。

触球点

用球拍偏左侧的部位触球后向右侧摩擦球。

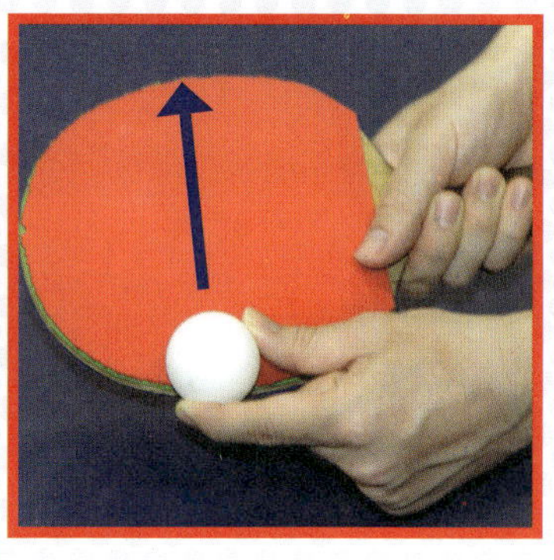

前臂

可以用同样的姿势发不转球，所以摩擦球的动作要具有隐蔽性。不是用手腕，而是以肘为轴、前臂带动手腕快速摩擦，这样就具有隐蔽性了。

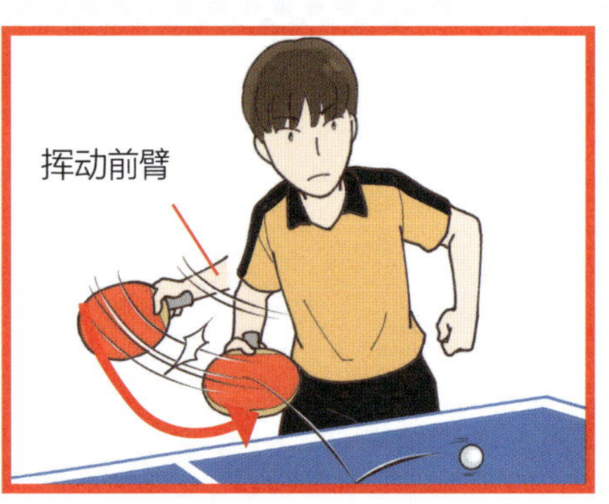

挥拍

从右上往左下斜着挥拍。

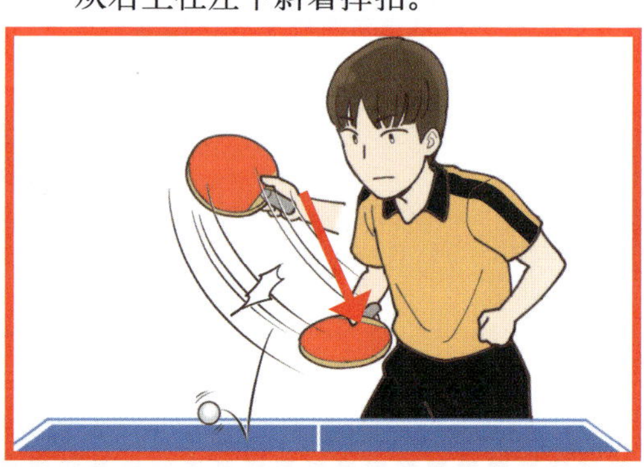

如果发下旋球，触球时加摩擦；但如果发不转球，就不要加摩擦，直接用球拍撞击球即可!

如何发出加转侧旋球?

练习时,要留意拍柄、球拍与台面的角度!

与下旋发球相比,想要发出更强烈的侧旋发球是需要一些技巧的。注意以下要领来练习吧!

发球6 发侧旋球的基本步骤

找到感觉

由下向上全力挥拍,找到侧旋的感觉!

旋转意识

用大拇指和食指两根手指捏住球拍,球拍上仰与台面保持 45 度角。

练习发球

不是步骤①那样由下向上挥拍,而是引拍至正后方,然后向前平行挥拍发球。

能发出基本的侧旋球之后……

教你如何用发侧旋球的姿势发出不转球！

抛球

把球抛至距台面 1 米左右高度，增强侧旋球的威力。

挥拍

从身体外侧挥动手臂，向内发力摩擦球。

拍柄

将两指握拍法变成五指握拍法。

侧下旋 · 侧上旋

球拍由左下方触球朝右上方挥动摩擦球时，为侧下旋；球拍由左上方触球朝右下方挥动摩擦球时，为侧上旋。

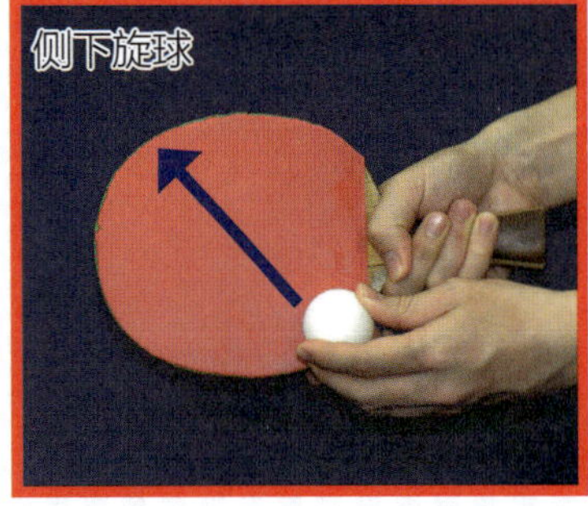

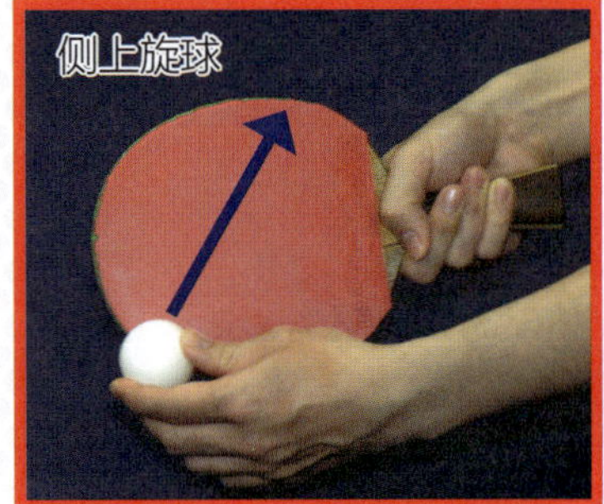

接发球

接发球是接住对手的发球并将球回过去的技术。
如果不会接发球,其他的球技就无法使用。

Question

每种旋转发球都有相应的接发球方法吗？

Answer

掌握拍面仰角一致的搓球和抵消来球旋转的加转搓球！

想要接各种旋转发球绝非易事。
但只要学会了这两种搓球，
你接发球的技术就会大大提高！

接发球1 调整接发球角度的要领

接发球的要领首先是要仔细观察对手。
练习的时候也要注意观察对手！

角度

接发球时，将拍面角度调整和对手发球时球拍的角度一致！

仔细观察对手发球时球拍的角度，将自己的球拍调整到与之保持一致。然后，如果以一致的角度搓接球的话，就能很好地接发球了哦。

加转搓球

在接发球时，第 76 页介绍的“加转搓球”也能发挥作用。让我们回顾一下吧！

把球拍的角度调整到45度。

以快速劈砍的姿势搓球。

如果对手的旋转很强的话，也有可能无法抵消来球的旋转。到时候就调整好角度，等待机会吧！

一点建议

如果无法判断对手的发球旋转，就先瞄准中路吧！

特别是对手发侧旋时，无论哪个方向的侧旋，只要瞄准中路，接发球出台的危险性就会降低。

Question

如何判断对手的发球？

Answer

只能看到
对手发球时
触球的瞬间！

这样很难判断
对手发的是什么样的球。
紧盯3个要点，
培养预判发球的能力！

接发球2

判断对手发球的3个要点

触球瞬间

仔细观察最重要的击球瞬间，让身体快速应对吧！

动作

如果在发球后加入假动作，就可以干扰对手的预判。

抛球

有些球员发球时把球抛得很高，如果你一直盯着球，就可能错过触球的瞬间。所以比起盯球，你更应该关注的是对手的动作和拍型。

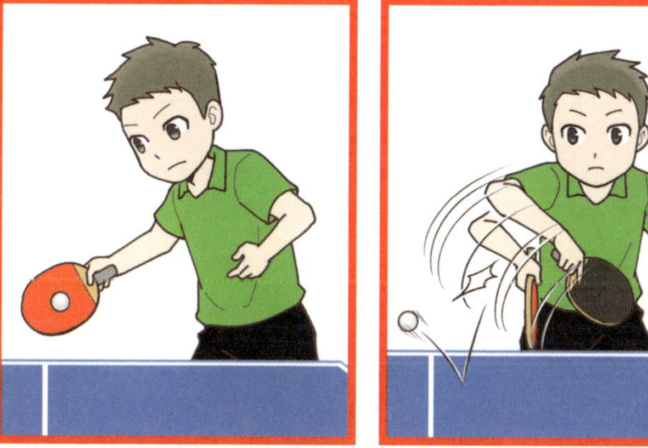

这里是重点！

这 3 个要点也是对手盯你的要点。相反，只要注意这 3 点，发球就不容易被对手预判了。

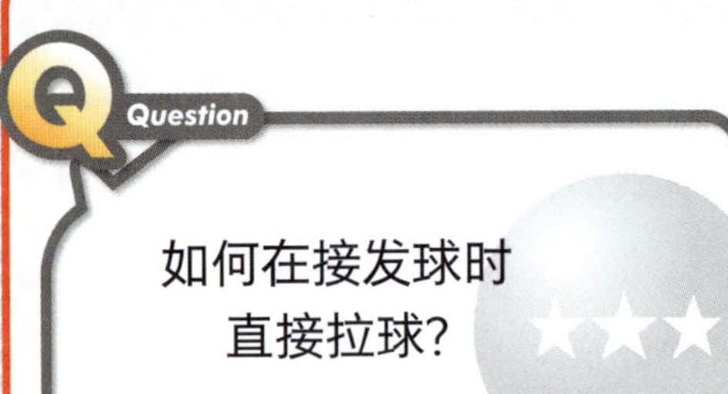

Answer

学会盯球，
掌握对付旋转的拉球！

如果掌握了一种
足以抵消对手发球旋转的拉接技术，
你就能从接发球开始主动进攻了！

接发球3

拉接练习

盯球

要能判断发球后球在台面上的第二跳会不会出台。如果认为会出台，就说“出台”；如果认为不会出台，就说“不出台”。

“出台”的球
都可以拉接！

要领

正手和反手拉接时，都要由下而上将球往上拉起来！

教你比赛中的发球诀窍！

比赛中的发球顺序和要领

和朋友们一起 中场休息 专栏 HALF TIME

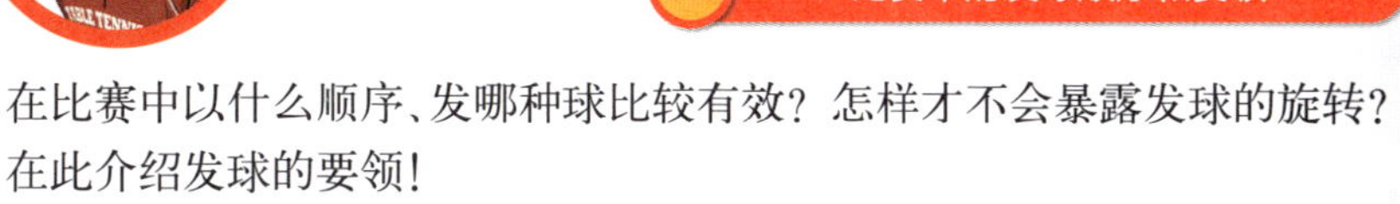

在比赛中以什么顺序、发哪种球比较有效？怎样才不会暴露发球的旋转？在此介绍发球的要领！

如何准确地判断发球

按①～③的顺序准确地判断对手的发球！

①上旋、下旋、侧旋，看看哪种发球效果最好。

②知道了有效的发球后，比赛时就以这种发球为主！

如果对手的接发球质量不高，那就说明对手不擅长接该发球。比赛时就以这种发球为主！不过，对手也会逐渐习惯这种发球的旋转，到时候再用别的旋转发球吧！

③如果没有一个比较有效的发球，那就变换使用不同的旋转！

如果不能确定对手比较吃哪种发球，就按照以下顺序来发球：上旋、下旋→侧旋→上旋、下旋→侧旋，这样不会让对手习惯你发球的旋转。重复这些发球，迷惑对手吧！

适合高手！ 隐蔽的发球方法

介绍6个假动作，发出隐蔽的发球！

- **旋转欺骗！**
  摆出发下旋球的动作，发侧旋球！
- **路线欺骗！**
  摆出回球去反手位的动作，却回到正手位！
- **拍型欺骗！**
  即使是发同样的旋转球，每次都会改变触球的位置！
- **长短欺骗！**
  摆出发长球的姿势，却发短球，让对手猝不及防！
- **动作欺骗！**
  用相同的动作发不同的旋转！
- **假动作！**
  盯住对手球拍触球瞬间前后的动作，发现是否有变化！

漫画
第6章
来比试一下!
MANGA TABLE TENNIS PRIMER Chapter 06

因为丽佳对我说,"去打比赛锻炼锻炼吧"。
我做到了!
争取全胜!
ぶんっ
呼呼

太好了!
慎吾看起来状态不错啊!

是啊!加油!
咦,有人来了?

喂!能和我打一场吗?

我是老大，
叫小悠！
名字给我
记住了哦！
是旋风
三兄弟
中的一
位。
啊！

慎吾，还
是算了吧
……

你好像
就是丽
佳那边
的那个
新手吧。
嘿嘿。
如果是比
赛的话，
我和你打
哦。

就这么
定了。
喂，启太！
你来当裁
判吧！
咦？
好吧。

可是，你
还得知道
你的对手
是什么水
平啊！
没关系！
我已经不
是曾经的
那个我啦！
握紧

比赛采取11分制。
5局3胜。

这就是长胶胶皮啊！
你是第一次和长胶打？那就好打了。

互相检查一下球拍。

怎么回事啊？
哼，试试就知道了。
用“石头、剪刀、布”猜拳来决定谁先发球。
剪刀
布
好，我先发球。

零比零！
好！那就先发个下旋。

当
砰

咦？不是搓回来的啊……
砰

我来搓回去！
嘭

ポーン
嘭
啊？！

刚刚的球怎么啦？

嘿嘿
你还真是不知道长胶的威力啊……

哈哈哈哈哈哈

咕噜
裁判能干扰比赛吗？
呼……

慎吾，长胶啊……
喂，启太！

好吧，再来一个侧旋球！
咔
当

可恶！

这是怎么回事？长胶有什么特别之处吗？

好了，机会来了！
唰
当
唰
嚯嚯
啪
咦？
好奇怪的侧旋啊！

瞧好了，接下来到我发球啦。

唰
没错，
是下旋！
我就拉接！
咔

砰

这次一定可以！
咔

啪
飞速旋转
嗖
咻
走！

连球网圈下都弧居然了……

来吧，继续比赛！
不妙……
咔
カッーン
咔
カッーン
11 1 0 2
1 1 0
9 2 0 3
3 0 2 11

先胜3局，小悠获胜。

我很期待一周后的比赛啊。
哎，你也要好好练一练嘛！
ポン
嘭
菜鸟。

握紧

喂，启太。
我……还是不参加比赛比较好吧。
啊？
チリン チリン
丁零

比赛怎么样啊？
嘎吱
应该是大获全胜吧！

嘿，你们俩。
丽佳……
唰

咦，慎吾怎么了？
无比沮丧

小悠用的是长胶胶皮……
啊呀……
长胶？他什么时候换的？

慎吾和小悠比赛，一局都没赢……在那之前都是全胜的。
唔……
啊？！和小悠比赛？

丽佳……我还是不要参加比赛了……
你在胡说什么啊！

把你的乒乓球笔记拿来！
咦，噢！
伸出手
不耐烦
但是只剩下一个星期了……
不就是长胶吗？有对付长胶的打法，学会了就能赢！
我估计即使我参加比赛也赢不了他……
你已经努力了好几个月了！打算半途而废吗？
哗
把这里再读一遍！
振作起来，你不是一向都很乐观吗？！
完成颠球目标!!
球拍归我!
能相持对拉了
紧盯对手很重要
很擅长旋转!
我有乒乓天赋?
一次输球是不会让我放弃的……
认识了咕奇教练，非常激动
丽佳和圣治团队合作
对啊，我已经开始喜欢上乒乓球了。
半途而废可不是我的风格……
丽佳……启太……对不起。

丽佳，教我怎么对付长胶！
当然！剩下的一周，我会好好训练你的！

下次我一定要打败他！
咔
慎吾！

好！那就直接去阳光乒乓球俱乐部吧！
哒哒哒哒
喂！
等等我!!

一次输球是不会让我放弃的……

最爱乒乓球!!

解说

比赛中重要的事情

有时候在练习时能打到的球在比赛中却打不好，比如无法预测路线和旋转等，这时应对能力就很重要！了解比赛中重要的事，赢得比赛！

Question

为什么一到比赛就打不好？

Answer

放松紧张的心情，按优先顺序练习，赢得比赛！

在比赛中，往往会出现因为紧张而无法发挥自身实力的情况。在平时训练和比赛时，要了解放松的方法和取胜的优先顺序！

比赛中重要的事情1 放松的方法以及取胜的优先顺序

获胜的优先级

①发球能力

参见第114页以及往后页

②发球后第三板抢攻

参见第163页以及往后页

③接发球能力

参见第123页以及往后页

④接发球后第四板抢攻

参见第166页

⑤正反手拨挡能力

参见第141页

⑥正反手拉球能力

参见第70页以及往后页

⑦步法能力

参见第99页

缓解紧张的方法

①听听音乐，放松一下

②比赛前小跑5分钟

③比赛前放空自己

④深呼吸

⑤需要适度的紧张

⑥不断提醒自己要小心谨慎

⑦徒手做打球的动作

当遭到对手强烈进攻时该怎么办？

挡球时瞄准对手的空当！

如果对手继续扣杀或拉弧圈的话，直接反攻是非常困难的。通过挡球来限制对手吧！

比赛中重要的事情2

挡球的要领

把拍头竖起来

无论是正手还是反手，都可以竖起拍头来挡球！

竖起拍头的好处

①抑制对手来球的威力

②防守转换更快

③因为是在上升期击球，所以能快速回球

特别提示！

如果将球拍前押来挡球的话，球往往会下网。

Q Question

如何减少失误？

Answer A

有失误在所难免。
积极思考，
避免同样的失误！

比赛中，对手也会出现失误，出现失误是在所难免的。但一个失误如果总是出现，就会接连出现一系列的失误。

比赛中重要的事情 3

防止比赛中出现失误的思路

正视失误

①出现失误是在所难免的！

②考虑用自身的特长来开局和赢得比分！

③如果连续出现失误的话，试试不同的战术吧！

减少失误的练习法

了解自己球技的成功率。了解自己在20次击球中，使用每一项技术（如扣杀、拉球等）时能取得多大的成功率。

如果一项技术的成功率低于50%，就说明你没有达到可以在比赛中使用这项技术的水平。

努力将成功率提高到80%吧！

随机练习，以赛代练

一旦你学会了基本的击球要领，
你就可以通过随机（无规则）练习来提高你的水平！

Question

什么是随机练习？

Answer

接近比赛形式的
系统性练习。

固定打法和路线的练习
对于掌握某项球技非常好，
不过还要加入不固定路线和旋转及
接近比赛形式的随机练习！

随机练习，以赛代练
让你涨球的随机练习

以下是随机练习的4个目的，试着练一练吧！

转换

试着在全台的随机路线训练中，练习正反手转换吧！正手位来球就用正手接，反手位来球就用反手接，努力实现正反手转换自如。

此练习的目的——
实现正反手转换自如！

全台正手

用正手回击全台的随机来球。当来球靠近反手位时，你可以侧身接球，这样还能练习一下步法。

此练习的目的——
快速移动步伐!

全台防守

将全台的随机来球防回去。通过推挡任意来球提高防守能力!

此练习的目的——
让你的防守变成铜墙铁壁!

任意球

路线、旋转、落点等都是随机球的应对练习。这是最接近实战的练习形式。

此练习的目的——
接近实战，提升场上应变能力!

不知道对手的弱点！

要洞悉对手的弱点

和朋友们一起 中场休息 HALF TIME 专栏

书中第 127 页介绍了有效的发球方法，但是很难判断它是否对对手有效。这里就来介绍一种判断对对手是否有效的方法！

如何判断对手吃发球了？

比赛中很重要的一件事就是确认“对手是否吃发球了”。
对照以下 6 种状态，找出对手的弱点！

对手吃发球的6种状态		
	①以低于平常的击球点回球	如果对手吃发球了，他们通常会以比平时低的击球点回球；相反，对手在来球的高点期接发球，就说明不吃发球。
	②只是去碰球	如果对手接发球时只是轻轻搓回球，说明对手不能准确判断发球的旋转！
	③接发球比平时更慎重	如果对手非常仔细地观察你的发球，那么对手还不能准确判断你的发球。
	④挥拍的速度变慢	对手挥拍速度慢的时候，说明对手还不能准确判断你的发球；相反，对手在接发球时快速挥拍，则说明对手已经能准确判断你的发球了。
	⑤回球过高	对手回球过高就是吃发球的有力证据。如果回球弧线低且速度快，则说明对手已经能准确判断你的发球了。
	⑥在发球的时候拖延时间	在你发球前稍稍拖延时间，放慢节奏准备接球，就是对手在算球的证据。这说明对你的发球，对手还不能做出准确的判断！

如何在比赛中找到对手的弱点？

除了在发球阶段，再介绍一些在比赛中洞悉对手的要点！
找出对手的弱点，火力全开吧！

必看的3个要点		
	①发现对手反应迟钝的地方	不论是路线还是旋转，对手反应迟钝的地方很可能就是对手的弱点。尝试正手、反手，下旋、侧旋等不同方式去发现对手的弱点！
	②确认球转不转	能正手拉球，但不能反手拉；能反手搓球，但不能正手搓球，等等。很多时候，弱点就是不能制造足够的旋转！
	③回球方式是否多种多样	如果打到对手的正手位，对手能以拉球、挡球、搓球等方式回球的话，说明对手擅长正手。如果对手只能用一种方法回球，那就是其弱点所在！

漫画
第7章
取胜的策略
MANGA TABLE TENNIS PRIMER Chapter 07
真是的！启太那家伙怎么还不来！
启太的妈妈说他一大早就出门了……
明明应该早就到了啊……
TABLE TENNIS CLUB HIROSE
怎么回事啊？
启太没来啊！
他是不是坐错公交车了啊？
是啊！

圣治，
冷静！
握拳
ぐっ
你们！

怎么可能？你有证据吗？
你们……是不是知道些什么啊？

就……就是啊！
慎吾……
他说下一场比赛一定会赢。启太肯定会来的！

可恶！
圣治，冷静一下。

等等！
太遗憾了，启太却战而败了。只能靠你们俩努力了。

9:58
快到比赛时间了！

啊？！
为什么？
我代替他出场！
丽佳！难道你……
这真是太不应该了！
就因为不想被别人说三道四，我就放弃自己最喜欢的乒乓球。
丽佳……

小杰
VS
圣治
圣治，今天我可不会输给你哦！乖乖受降吧！
哼，我可不是当年的我咯！
丽佳
VS
小楷
为什么是我和丽佳打啊……
小楷，我要让大家瞧瞧，谁才是最强的！
小悠
VS
慎吾
让你尝尝长胶的威力！
长胶对我已经不起作用了！

下旋球变成了上旋球，侧旋球变成了逆侧旋球。知道了长胶逆旋转的特点，就能采取应对措施了！
下
上
右
左
长胶回过来的球大概率是逆向旋转的。
0:0。

嘿，我先发球。
好！

咔
砰

当
首先，发不转球！

好球！不转发球不受长胶旋转变化的影响，能直接进攻！

咦！
啪

回球是上旋的可能性很高，所以……
啪
当
接下来发下旋斜线长球……
砰
砰
唰
好球！
啪
直接爆冲！
不过……
唰
看来你已经想了很多对策啊……

回球就变成上旋了。
当
砰
如果将球搓过去的话……
远远不够！
哼！只用一周就能对付长胶啦？想什么呢！
扁
扁
咔

当
当
啪
咔
砰
啪
啊！
5：11
丽佳胜！
好久没打比赛，毫无手感！
咚
—……一局都没赢。
好球！丽佳——
好！先赢一场！圣治他那边……
TABLE TENNIS CLUB
HIROSE

圣治，一球一球认真打！
知道了！咕奇教练！

正在苦战啊……

确实，要重视基本功……
唰
放马过来吧！

光靠单纯的长胶对策无法战胜这家伙！
好吧！
咦？

想发反手！

当
咔
竟然是正手？！

打乒乓球
就是互
相“欺骗”
啊！
这家伙
……
慎吾，干得
漂亮！
哇
呀
呀
呀！
可恶
太好了！
反败
为胜！
握紧
当
咔
咔
当
砰
圣治逆袭，
取得了胜
利！
哒
哒
哒
只剩下慎吾
啦！最后一
局——9 比 9
打平了！
9
2
2
9

摇晃

丽佳！对不起！
呼
呼
呼
启太！
你到底干什么去啦？

昨天小杰告诉我比赛换场地了，所以我就去了别的体育馆，但是那里没有人……我……我……
呜呜呜
哎呀
果然是旋风兄弟捣的鬼！

启太，没事的。
慎吾和小悠正在比赛。
啊……

慎吾——
用那个方法吧！

启太！
好的！
知道啦！

当
砰
上旋球啊，简单。

好了，到此为止吧！
当
カコッ

咔
ガッ
不，不是……上旋球……

那是不转球！
把不转球伪装成上旋球，长胶回球后就可以直接扣杀了！

啪
パシッ
糟了！

好球！慎吾！
好！还有一球！
TABLE TENNIS CLUB
HIROSE

来吧！
咔
奔球！

到赛点了！慎吾，集中精力！
10
2
2
9

呜嗷嗷嗷！

咔
呀！

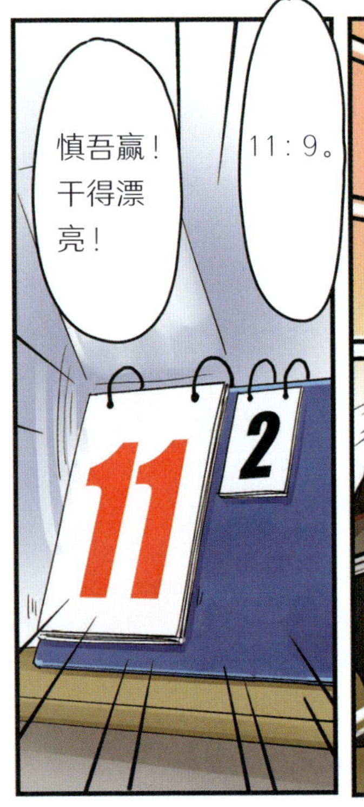
11：9。
慎吾赢！干得漂亮！
11
2

啪
去吧！！

わぁぁあっ!!
哇哇哇
太好了——

慎吾，对不起，我没赶上……
没关系！她已经搞定了！
咦，有丽佳在？
可不是嘛。

恭喜你，圣治。
对不起，我没能参加……

圣治，比赛很精彩。辛苦你了。
嘿嘿，多亏了咕奇教练您的指导啊！

谢谢，启太！
我呀……
哇
我说慎吾。

按照我布置的对付长胶的战术，应该能更轻松地获胜吧！
啊，赢都赢了，不用这么纠结吧！

那可不行啊，回家后再好好反省一下啊！
哎？

咕奇教练。
好好努力哦！
不会吧！

哈哈哈哈！
明明都赢了，还……
偷偷地

也辛苦你们了。

ゴゴゴゴゴ

气势逼人

代我向你们的父亲问好啊。

好的！

ピュー

嗖

告辞了——

怎么回事啊？

哈哈哈哈哈哈

我们也走吧！

去哪里？

我不是说了要开反省会吗？

你还真是个“球痴”啊。

全面胜利!!

解说

战术

了解发球顺序、发球抢攻、
接发球后的相持等多种战术，赢得比赛！

比赛中获胜的秘诀是什么？

Answer A

尝试赢得比赛的7个秘诀吧！

一味地打比赛是很难赢的。
留意赢得比赛的7个秘诀！
注意练习时的心得体会，
要时刻以胜利为目标进行练习！

战术1 以胜利为目标进行练习时的心得和取胜秘诀

取胜秘诀

①开局就要积极主动
②连续得分
③先发制人
④意识到手握发球拿2分，接发球拿1分
⑤做好要打满全局的准备(10：10)
⑥比分到9：9时，注意力要加倍集中
⑦最后1分要靠进攻拿下

以胜利为目标进行练习时的心得

①让对手先失误
②比对手更快速地移动
③比对手更有精神
④尊敬对手
⑤保持一个教对手打球的心情
⑥比对手更集中注意力
⑦不要怕输

发球之后
还有什么战术吗？

发球时
要提前想好
如何处理第3球！

发球战术中最有效的是发球抢攻。想好发球的种类和对方的应对，以便在对手接发球后进行进攻！

战术2 发球抢攻的6种模式

下旋发球的发球抢攻①

如果你发一个正手位的下旋球，那么对手很有可能会搓球回你的正手位。

↓

正手起下旋进行攻击！

因为在正手位搓反手相对较难，所以对手回球到正手位的概率很高。

下旋发球的发球抢攻②

如果你发一个反手位的下旋长球，那么对手很有可能会搓球回你的反手位。

↓

反手起下旋进行攻击！

因为在反手位搓正手相对较难，所以对手回球到反手位的概率很高。

注：乒乓球比赛第3球是发球抢攻的球。

侧旋发球的发球抢攻①

如果你发一个反手位的侧旋长球，那么对手很有可能会回球到你的反手位。

可以扣杀进攻！

对手为了抵消球的侧向旋转，往往会选择往你的反手位回球，所以对手回球到反手位的概率很高。

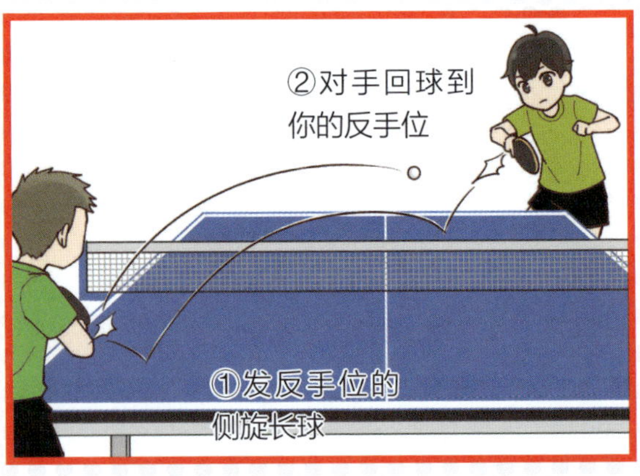

侧旋发球的发球抢攻②

如果你发一个正手位的侧旋长球，那么对手很有可能会回球到你的正手位。

可以扣杀进攻！

因为对手从正手位向你的反手位回球难度较高，所以对手往往会回球到你的正手位。

不转发球的发球抢攻①

如果你发一个反手位的不转长球，那么对手很有可能会回球到你的反手位。

可以扣杀进攻！

这里是重点!

不转球是没有旋转的，所以对手回过来的球往往也是比较容易进攻的。

不转发球的发球抢攻②

如果你发一个带假动作的不转长球，那么对手回球很可能冒高。

可以扣杀进攻！

带假动作的发球往往会让对手变得谨慎。这样一来，回球冒高的概率就会变高。

发球抢攻的 2 个要领

①练习发球时，就要预先做好抢攻的架势

从练习发球的时候开始，就要带着抢攻意识进行练习。发球后立刻摆出进攻的架势，从容地进行第3球攻击。

②思考适合自己的发球战术

上旋型
对多拍相持有信心的人

上旋发球，侧上发球→接发球→扣杀、快攻
速度就是武器
不给对手反应的时间

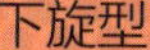

下旋型
擅长制造旋转的人

下旋发球、侧下发球→搓球→拉球
重视旋转
能够找到自己的节奏

接发球时的战术有哪些?

Answer A

掌握进攻性接发球和不给对手进攻机会的防守型接发球!

看清对手的发球后,直接接发球抢攻!如果不能直接接发球抢攻的话,就回一个不给对手进攻机会的防守型接发球,能过渡到第4球即可。

战术3 进攻性接发球

3种进攻性接发球

①出台的球都可以直接拉

②台内反手位来球,直接拧拉

③正手位的下旋短球直接挑打

战术4 挑打的要领

挑打是以撞击为主、回击近网下旋球的进攻性技术。

挥拍动作小

挥拍时手臂不要太过往后引拍。

挥拍的速度

有意识地让自己的挥拍动作比对手发球时的挥拍更快。

击球时机

球弹起后在最高点击球。

战术5 摆短的要领

防守型接发球有2种：搓球和摆短。摆短是一种回接近网短球控短的有效打法。

2种防守型接发球

①用搓球回长球
②摆短

角度

保持拍面和台面成45度角。

将拍头微微抬起一点。

脚

配合右脚迈出一步的气势，挥动球拍。

击球时机

最高点前期击球。

乒乓球规则

乒乓球的规则细节很多，务必认真了解并遵守规则！
在此介绍一下主要的规则！

关于比赛

制服

根据国际乒乓球联合会规定，选手在比赛时必须穿着符合规定的服装。
服装干净整洁，没有任何不良标语或图案。上衣和短裤或裙子必须颜色统一。
在团体比赛中，同队队员应穿着式样和颜色一致的比赛服装。

比赛流程(单打)

❶首先打招呼
双方先打个招呼，对对手、裁判要有礼貌。

❷赛前双方互相交换球拍，进行检查。
乒乓球比赛前，为了检查对方的胶皮是否有违规之处，同时也为了了解对方的胶皮类型和打法，双方可以检查对方的器材。

❸选择发球权
用抽签或扔硬币等方式来决定谁先发球。

❹每人发球两次后交换发球权
但是，如果比分变成 10 ：10，发球规则会变为每人发球一次后就交换发球权，即轮流发球。

❺先得 11 分的一方为胜一局
如果比分打到 10 ：10 后，则先多得 2 分的一方该局胜出。每局结束后要交换场地。

❻规定局数的比赛
正规比赛一般为五局三胜或七局四胜的比赛赛制

发球规则

❶手掌张开伸平
发球时，球应放在发球员不执拍手的手掌上，手掌张开和伸平，不能用手抓球。

❷抛球的高度不低于 16 厘米
球在抛起离开不执拍手的手掌之后上升不少于 16 厘米。当球从抛起的最高点下降时，发球员方可击球。

❸让球在本方和对方的台区弹跳
发球时不同于多拍相持，必须让球弹到己方和对方的台区。

不良行为

屡犯不良行为，裁判员可判对手得分。不良行为主要包括以下几个方面：

- 大声吼叫
- 故意把球弄坏
- 故意将球打出比赛区域
- 踢乒乓球台等损坏比赛器材的行为
- 无视裁判

必须了解的比赛规则

●比赛仍继续进行的情况

- 球触网落入对方台区
- 球击中手（手腕之前）落入对方台区
- 球击中对方台区的边缘
- 击球后，脚和身体进入对手一侧的场地
- 球通过球网的金属框外侧落入对方台区

●对手得分的情况

- 球拍触网
- 丢拍接球
- 在回球未在本方台区弹起之前击球
- 球碰到天花板，落入对方台区
- 手碰到球桌
- 打到对方台区的球擦上对方台面的侧边
- 球碰到了自己的衣服上

休息时间

❶在局与局之间，有不超过 1 分钟的休息时间。

休息时要把球拍放在乒乓球桌上。

❷每局打到 6 分球，运动员可以有短暂的擦汗时间。

在决胜局互换场地的时候也可以。

❸在一场比赛中，双方各有一次不超过 1 分钟的暂停时间。

运动员用双手做一个“T”字来请求暂停。

建议

赛前登记的一名教练可以进行临场指导。

通常只有在休息时间或叫暂停时才能进行指导。

加快比赛进程的规则

在现行的 11 分制下，当一局比赛的对阵时间超过 10 分钟时（双方得分均为至少 9 分的情况除外），将实行轮换发球法，即对阵双方轮流发 1 球，当接发球方还击达 13 板时便被判得分。该规则一旦实行，这场比赛的剩余局次将全部实行轮换发球法。

双打规则

❶双打比赛开始之后，所有的运动员都禁止进行两次连续击球。

必须按照固定的次序轮流击球。

❷从本方正手位（右半面）发球，落到对方右半区内或中线上。

和单打不同，发球有特殊的规定区域。

❸每完成两个发球，接发球的对方选手进行发球。

如果你接发球了，接下来就轮到你发球了。

❹一局首先发球的一方，在该场的下一局比赛中应首先接发球。

双打决胜局中，当一方先得 5 分时，双方应交换场地，接发球方应交换接发球次序。

必须知道的

乒乓球术语解释

在练习和比赛中，会出现大量的乒乓球术语。
请记住下列术语的正确意思。

●擦边（Edge）

“边”指乒乓球台的边缘。如果球击中这里，是有效的。这个球叫作擦边球。因为对手很难回球，所以打出擦边球的球员出于礼貌，应该示意道歉。

●端线（End line）

端线指的是球台四周边缘的白线。乒乓球比赛规定发球时抛球手和持拍手都不能伸进球台四周的端线之内。

●局（Game）

比赛的基本单位。以前也叫场。一局通常为 11 分。

●台面（Court）

比赛台面由一个与端线平行的垂直的球网划分为两个相等的台区，靠近己方的称为本方台面，靠近对方的则称为对方台面。

●发球得分（Service ace）

发球后，因对手未能成功接发球而直接得分。

●侧面（Side）

球台上层表面以外的侧面部分。

●单打比赛（Singles）

一对一比赛。

●中线（Center line）

乒乓球台正中一条与边线平行的白线。

●双打比赛（Doubles）

由比赛双方各出 2 名运动员，按规则规定的顺序轮流击球的比赛项目。与单打比赛有不同的规则。

●互换场地 (Change courts)

下一局比赛开始时，双方交换场地。决胜局时，任何一方拿下 5 分后，双方也要交换场地。

●换发球（Change service）

发球方球员要发 2 个球，然后轮换发；但比分至局点 10 平时，改发一个球轮换。

●局末平分（Deuce）

当比分为 10 ： 10 后，直至比分出现 2 分之差，才可结束本局比赛。

●擦网（Net in）

球击中球网后落入对方台内。擦网球有 2 种，如果是发球时擦网，发过去不算，不计分，需要发球方重新发；如果是双方处于击打过程中的擦网，球擦网后落在对方台内，则算过网，要计分。

●场内指导（Bench coach）

场内指导是在替补席上为球员提供建议、指导的人。通常只能在比赛休息时间和暂停时间才能进行指导。

●比赛（Match）

一场比赛。通常一场比赛进行五局或七局。

●比赛开始（Love all）

比赛刚开始时比分为 0 ： 0，因此裁判会以这句话开场。

●发球擦网（Net）

发球擦网落到对方球桌上，算擦网球，双方不得分，不记入发球次数，发球者重新发球。